l'école - duɗal	5
le voyage - ɗannaade	8
le transport - yangarta	10
la ville - wuro	14
le paysage - satto	17
le restaurant - restoraaŋ	20
le supermarché - duggere	22
les boissons - njarameeje	23
l'alimentation - ñamri	27
la ferme - ngesa	31
la maison - galle	33
le salon - saal	35
la cuisine - waañ	38
la salle de bain - lootorde	42
la chambre d'enfant - suudu suka	44
les vêtements - ɓoornogol	49
le bureau - gollorde	51
l'économie - faggudu	53
les professions - golle	56
les outils - kuutorɗe	57
les instruments de musique - pijirɗe	59
le zoo - nehirde kulle	62
les sports - cofte ɓalli	63
les activités - golle	67
la famille - ɓesngu	68
le corps - ɓandu	72
l'hôpital - safrirdu	76
l'urgence - heñorde	77
la terre - Leydi	79
...heure(s) - waktu	80
la semaine - yontere	81
l'année - hitaande	83
les formes - ɓalli	84
les couleurs - sifaaji	85
les oppositions - ceeri	88
les nombres - pinɗe	90
les langues - ɗemɗe	91
qui/quoi/comment - holoon / holɗuum / holnoon	92
où - holtoon	

Impressum
Verlag: BABADADA GmbH, Nedderfeld 112 , 22529 Hamburg
Geschäftsführer / Verlagsleitung: Harald Hof
Druck: Books on Demand GmbH, In de Tarpen 42, 22848 Norderstedt

Imprint
Publisher: BABADADA GmbH, Nedderfeld 112 , 22529 Hamburg, Germany
Managing Director / Publishing direction: Harald Hof
Print: Books on Demand GmbH, In de Tarpen 42, 22848 Norderstedt, Germany

l'école
duɗal

- la salle de classe — jangirdu
- diviser — feccu
- le tableau noir — alluwal
- le professeur — ceerno
- la cour (de récréation) — dingiral duɗal
- le papier — kaayit
- écrire — windu
- le stylo — bindirgal
- le bureau — biro
- la règle — pondirgal
- le livre — deftere
- l'élève — almuudo

le cartable
sakosel

la trousse
suudu kuɗol

le crayon
kuɗol

le taille-crayon
ceeɓnoowo kuɗol

la gomme
momtirgal

le dictionnaire visuel
ɗowitorde nataande

le carnet à dessin
nokku diidirɗo

le dessin
diidgol

le pinceau
diidirgal

la boîte de peinture
suudu diidordu

les ciseaux
sisooje

la colle
kol

le cahier d'exercices
deftere softinorde

les devoirs
coftinogol

le chiffre
tongoode

additionner
ɓeydu

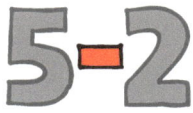
soustraire
ustu

multiplier
hebbin

calculer
lim

la lettre
bataake

l'alphabet
hijju

l'école - duɗal

3

le mot	le texte	lire
kongol	windande	jangu

la craie	la leçon	le livre de classe
bindirgal	darsu	windaade

l'examen	le certificat	l'uniforme scolaire
ÿeewtogol	ijaazi	wutte janirɗo

la formation	le lexique	l'université
jande	ɗowitorde mawnde	jaabi haatirde
	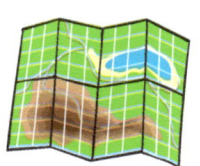	
le microscope	la carte	la corbeille à papier
mokoroskop	wertaango	siwo mbalis

l'école - duɗal

le voyage
ɗannaade

l'hôtel
otel

l'auberge
hoɗirdu

le bureau de change
nokku beccirdo

la valise
woliis

la voiture
oto

la langue

ɗemngal

oui / non

ey / ala

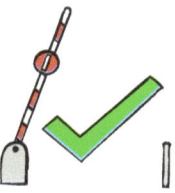

d'accord

Eyyo

Salut

mbaɗɗa

l'interprète

pirtoowo

merci

jaraama

le voyage - ɗannaade   5

Combien coûte…?
hono foti…?

Je ne comprends pas
mi faamaani

le problème
satteende

Bonsoir !
jam hiiri

Bonjour !
jam waali

Bonne nuit !
jam waal

Au revoir
baay baay

la direction
ngardiindi

les bagages
kaake

le sac
saak

le sac-à-dos
saak bakke

l'hôte
koɗo

la pièce
suudu

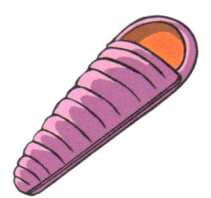
le sac de couchage
saak ɗaanorɗo

la tente
taanta

le voyage - ɗannaade

l'office de tourisme
kabaaru jillotooɗo

la plage
palaaz

la carte de crédit
kartal keredii

le petit-déjeuner
kasitaari

le déjeuner
bottaari

le dîner
hiraande

le billet
tikkett

l'ascenseur
suutde

le timbre
tembere

la frontière
keerol

la douane
soodooɓe

l'ambassade
ambasaat

le visa
wiisa

le passeport
paaspoor

le voyage - ɗannaade

7

le transport
yangarta

- l'avion — ndiwooka
- le navire — batoo
- le véhicule de pompiers — motoor jeyngol
- le camion — kamiyoŋ
- le bus — biis
- le bateau à moteur — laana motoor
- la voiture — oto
- la bicyclette — welo

le ferry
baak

la barque
laana

la moto
welo motoor

la voiture de police
oto poliis

la voiture de course
oto dandu

la voiture de location
otoluwaaɗo

l'auto-partage
rendude oto

la voiture de remorquage
leŋge

la benne à ordures
kamiyooŋ salo

le moteur
moto

l'essence
gaas

la station d'essence
esaaseer

le panneau indicateur
maantorde tali

le trafic
tali

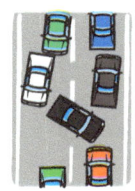
l'embouteillage
ɓittugol tali

le parking
darnirde oto

la gare
dartorde teree

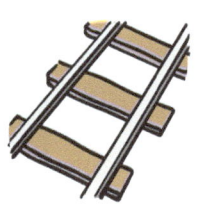
les rails
laabi

le train
teree

le tramway
taraam

le wagon
nawgol

le transport - yangarta

l'hélicoptère

elikooteer

l'aéroport

aydapoor

la tour

huɓeere

le passager

jahoowo

le conteneur

kontaneer

le carton

kees

le chariot

saret

la corbeille

siwo

décoller/atterrir

diw / tello

la ville
wuro

le village

saare

le centre-ville

hakkunde wuro

la maison

galle

10   la ville - wuro

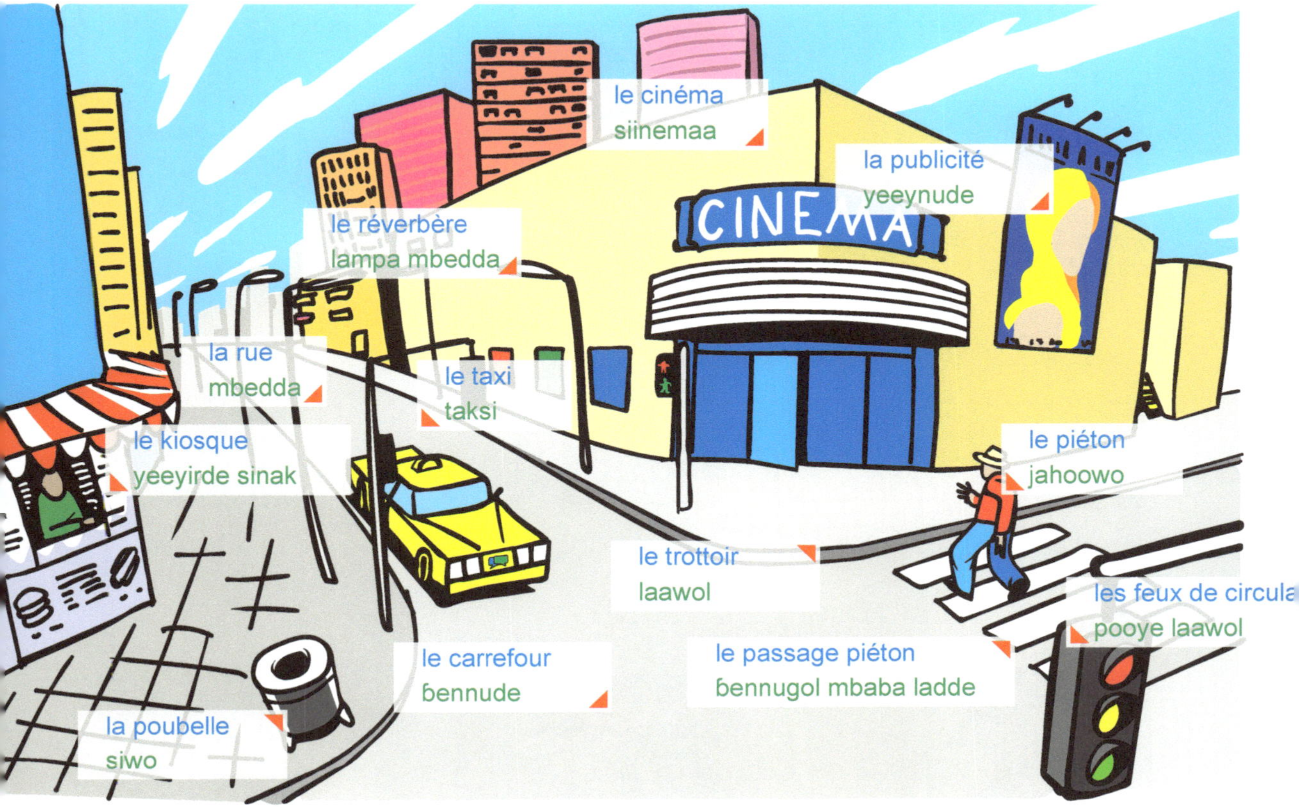

le cinéma
siinemaa

la publicité
yeeynude

le réverbère
lampa mbedda

la rue
mbedda

le taxi
taksi

le kiosque
yeeyirde sinak

le piéton
jahoowo

le trottoir
laawol

les feux de circulation
pooye laawol

le carrefour
bennude

le passage piéton
bennugol mbaba ladde

la poubelle
siwo

la cabane
tiba

l'appartement
hoɗorde

la gare
dartorde teree

la mairie
meeri

le musée
miise

l'école
duɗal

la ville - wuro

l'université
jaabi haatirde

la banque
banke

l'hôpital
safrirdu

l'hôtel
otel

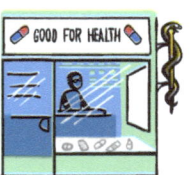
la pharmacie
farmasii

le bureau
gollorde

la librairie
yeeyirde defte

le magasin
yeeyirde

le fleuriste
mo nehoowo ledde

le supermarché
duggere

le marché
jeere

le grand magasin
yeeyirde diiwaan

la poissonnerie
mo gawoowo

le centre commercial
nokku njeeygu

le port
telloorde

12   la ville - wuro

le parc
parka

la banque
jooɗorde

le pont
pooŋ

les escaliers
ŋabbirɗe

le métro
les leydi

le tunnel
laawol les

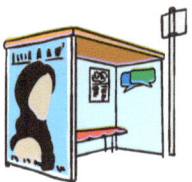

l'arrêt de bus
dartorde biis

le bar
baar

le restaurant
restoraaŋ

la boîte à lettres
suudu posto

le panneau indicateur
maantorde mbedda

le parcmètre
meetorde parka

le zoo
nehirde kulle

le réverbère
pisiin

la mosquée
jumaa

la ville - wuro

la ferme
ngesa

la pollution
bonande

la cimetière
genaale

l'église
ekiliis

l'aire de jeux
dingiral

le temple
tempele

le paysage
satto

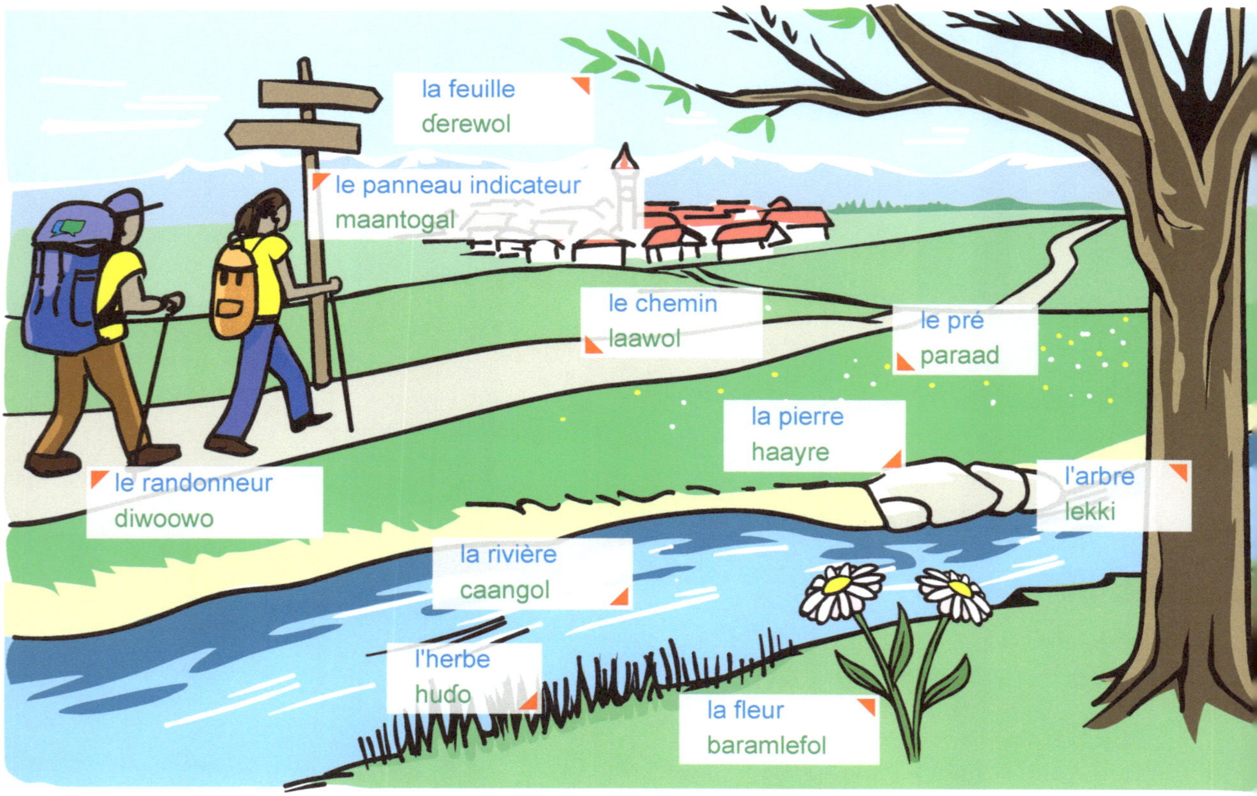

- la feuille — ɗerewol
- le panneau indicateur — maantogal
- le chemin — laawol
- le pré — paraad
- la pierre — haayre
- l'arbre — lekki
- le randonneur — diwoowo
- la rivière — caangol
- l'herbe — hudo
- la fleur — baramlefol

la vallée
fongo

la montagne
tiwaande

le lac
weendu

la forêt
dundu

le désert
ladde

le volcan
wolkaaŋ

le château
hoɗorde

l'arc-en-ciel
timtimol

le champignon
wiiduru gaynaako

le palmier
lekki koko

le moustique
ɓongu

la mouche
diw

les fourmis
ñuuñu

l'abeille
ñaaku

l'araignée
njabala

le paysage - satto

le coléoptère
karaab

la grenouille
paaɓa

l'écureuil
jiire

le hérisson
nguru paaɓa

le lapin
wojere

la chouette
hooweere

l'oiseau
ndiwri

le cygne
kankaleewal

le sanglier
fowru

le cerf
lella

l'élan
kooba

le barrage
baaraas

l'éolienne
seɗa hendu

le panneau solaire
mbeɗu naange

le climat
kilimaaŋ

16   le paysage - satto

le restaurant
restoraaŋ

- le serveur — carwoowo
- le menu — ndefu
- la chaise — jooɗorde
- la soupe — suppu
- la pizza — pissaa
- les couverts — wutayel
- la nappe — nappu

les hors d'œuvre — puɗɗorɗo

le plat principal — barme mawɗo

le dessert — deseer

les boissons — njarameeje

l'alimentation — ñamri

la bouteille — bitel

le restaurant - restoraaŋ

le fast-food
fastfuut

les plats à emporter
ñaamde mbedda

la théière
pot ataaya

le sucrier
taasa suukara

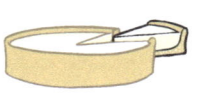
la portion
geɗal

la machine à expresso
masiŋ esperesoo

la chaise haute
jooɗorde toownde

la facture
faktiir

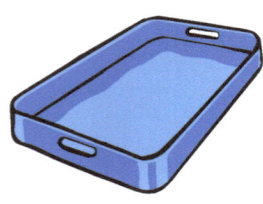
le plateau
terey

le couteau
paaka

la fourchette
fursett

la cuillère
kuddu

la cuillère à thé
kuddu ataaya

la serviette
torsooŋ

le verre
weer

le restaurant - restoraaŋ

		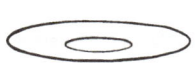
l'assiette palaat	l'assiette à soupe palaat suppu	la soucoupe coosoowo

la sauce soos	la salière pot lamɗam	le moulin à poivre poobaar

le vinaigre wineegar	l'huile diwliin	les épices kaaniije

le ketchup ketsoop	la moutarde mutaarde	la mayonnaise maynees

le restaurant - restoraaŋ

le supermarché
duggere

l'offre promotionnelle
dokkal teentungal

le client
coodoowo

les produits laitiers
deftel

les fruits
bingel leggal

le chariot
saret

la boucherie
mo jeeyoowo teewu

la boulangerie
mo piyoowo mburu

peser
bett

les légumes
bibe ledde

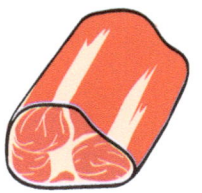

la viande
teewu

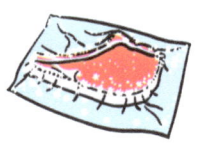

les aliments surgelés
ñamri fendiindi

20 le supermarché - duggere

la charcuterie
teewu buubngu

les conserves
ñamri

la poudre à lessive
omo

les bonbons
tangaleeji

les articles ménagers
gede galle

les détergents
gede labbinooje

la vendeuse
jeeyoowo

la caisse
hippoode

le caissier
ngaluyanke

la liste d'achats
limo soodetee

les heures d'ouverture
waktuuji gudditeedi

le portefeuille
kalbe

la carte de crédit
kartal keredii

le sac
saak

le sac en plastique
saak dalli

le supermarché - duggere

les boissons
njarameeje

l'eau
ndiyam

le jus de fruit
sii

le lait
kosam

le coca
Koowk

le vin
sangara

la bière
sangara

l'alcool
alkol

le chocolat chaud
koka

le thé
ataaya

le café
kafe

l'expresso
esperesoo

le cappuccino
kaputsiino

l'alimentation
ñamri

la banane
banaana

la pomme
pomere

l'orange
oraaŋs

le melon
dende

le citron.
limoŋ

la carotte
karott

l'ail
laac

le bambou
bambuu

l'oignon
soblere

le champignon
wiiduru gaynako

les noisettes
gerte

les pâtes
kodde

les spaghetti	le riz	la salade
espaketii	maaro	solaat

les pommes frites	les pommes de terre rôties	la pizza
sipse	padaas pasnaaɗo	pissaa

le hamburger	le sandwich	l'escalope
amburgoor	sandiis	tayre

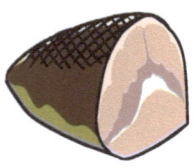

le jambon	le salami	la saucisse
heltinde	salaami	soosiis

le poulet	le rôti	le poisson
gertogal	juɗe	liingu

24   l'alimentation - ñamri

les flocons d'avoine	le muesli	les cornflakes
karaw	miyesli	butaali makka

la farine	le croissant	les petits-pains
cafka	koraasaŋ	loocol mburu

le pain	le pain grillé	les biscuits
mburu	mburu	mbiskit

le beurre	le fromage blanc	le gâteau
boor	caakri	ngato

l'œuf	l'œuf au plat	le fromage
boofoode	bofoode defaaɗo	formaas

l'alimentation - ñamri

la glace
kerem galaas

le sucre
suukara

le miel
njuumri

la confiture
piire

la crème nougat
soosde sokola

le curry
kiri

l'alimentation - ñamri

la ferme
ngesa

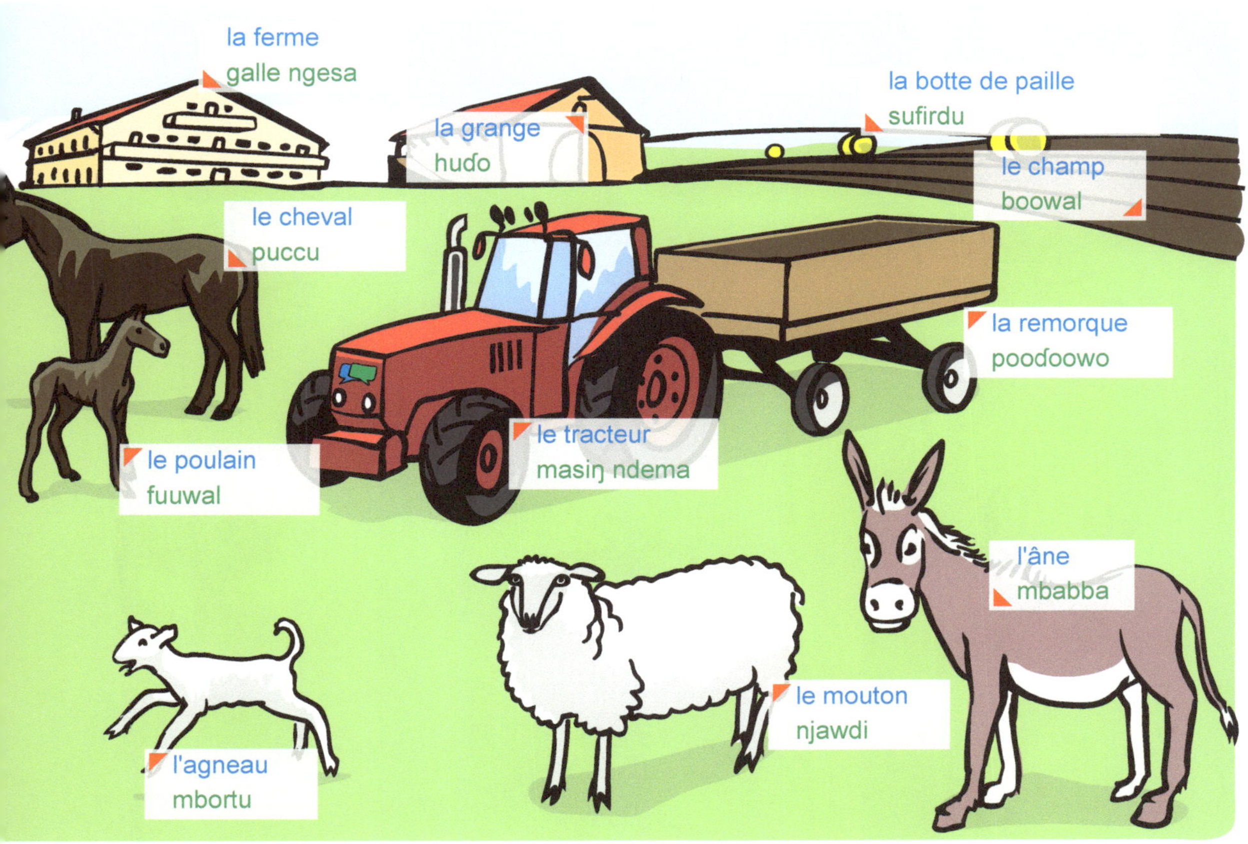

la ferme — galle ngesa
la grange — huɗo
la botte de paille — sufirdu
le champ — boowal
le cheval — puccu
la remorque — pooɗoowo
le poulain — fuuwal
le tracteur — masiŋ ndema
l'âne — mbabba
l'agneau — mbortu
le mouton — njawdi

la chèvre
ndamndi

la vache
ngaari

le veau
ñale

le porc
mbaba tugal

le porcelet
bingel tugal

le taureau
ngaari

l'oie
jaawalal

le canard
jaawangal

le poussin
gertogal

la poule
jarlal

le coq
ngori

le rat
doombru

le chat
ulluundu

la souris
dombru

le bœuf
ngaari

le chien
rawaandu

le chenil
suudu rawaandu

le tuyau de jardin
lekki werte

l'arrosoir
bitel ndiyam

la faucheuse
jalo

la charrue
jabbude

la ferme - ngesa

la faucille
wafdu

la pioche
caga

la fourche
furset yettirɗo

la hache
jambere

la brouette
burwett

la cuve
jardugal

le pot à lait
bitel kosam

le sac
bonnude

la clôture
heerorde

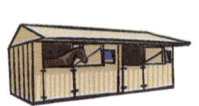
l'étable
dari

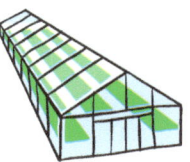
le serre
resofmaaŋ

le sol
leydi

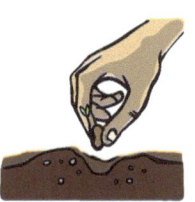
les semences
aawdi

l'engrais
engere

la moissonneuse-batteuse
rendin coñoowo

la ferme - ngesa

récolter
soñ

la récolte
coñal

l'igname
ñambi

le blé
ndiyamiri

le soja
soozaa

la pomme de terre
padaas

le maïs
makka

le colza
aawdi adan

l'arbre fruitier
lekki ɓesnooki

le manioc
kasaawa

les céréales
gawri

la ferme - ngesa

la maison
galle

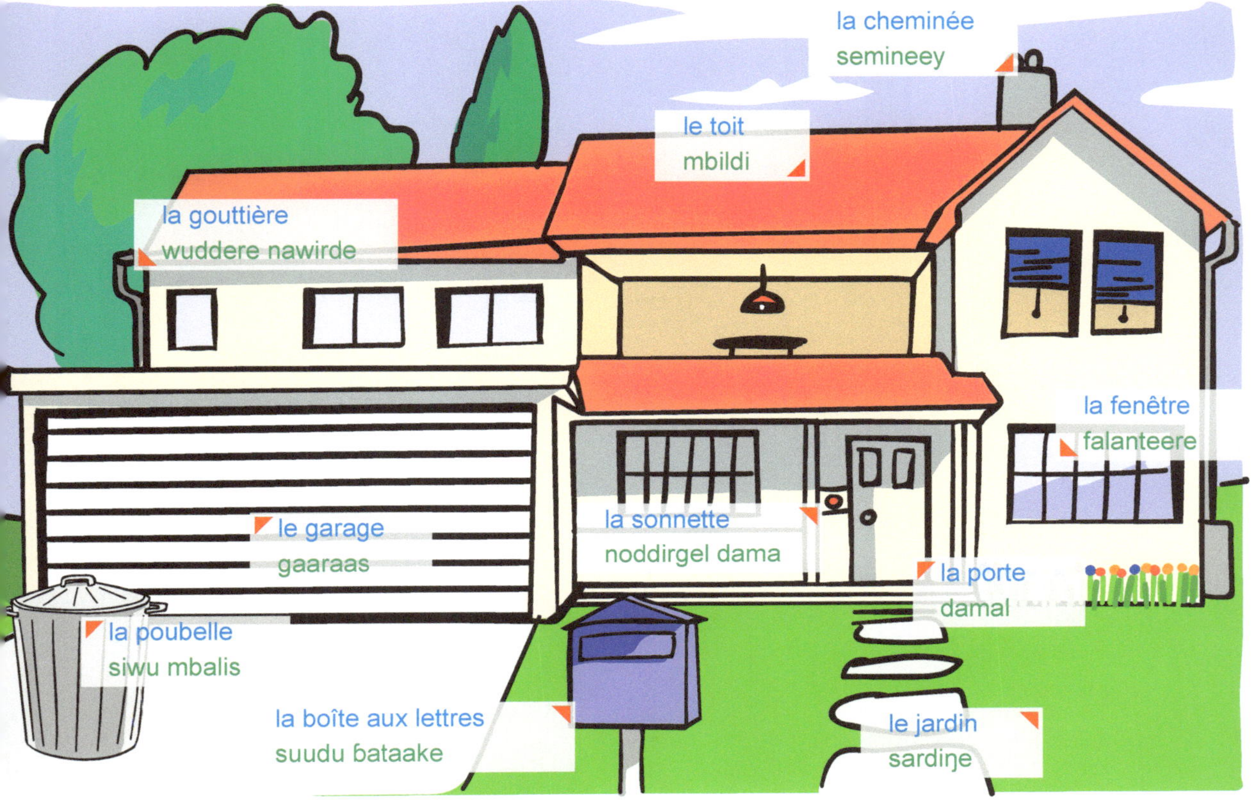

- la cheminée — semineey
- le toit — mbildi
- la gouttière — wuddere nawirde
- la fenêtre — falanteere
- le garage — gaaraas
- la sonnette — noddirgel dama
- la porte — damal
- la poubelle — siwu mbalis
- la boîte aux lettres — suudu ɓataake
- le jardin — sardiɲe

le salon
saal

la salle de bain
lootorde

la cuisine
waañ

la chambre à coucher
suudu lelteendu

la chambre d'enfant
suudu suka

la salle à manger
suudu hirtordu

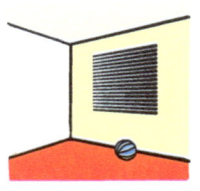
le sol
leydi

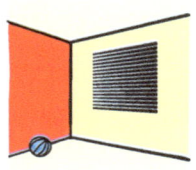
le mur
miir

le plafond
dira

la cave
masiŋel

le sauna
soona

le balcon
balkooŋ

la terrasse
teeraas

la piscine
pisin

la tondeuse à gazon
tondoos

la housse
kaayit

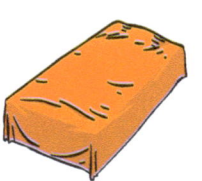
la couette
mbertanteeri

le lit
leInde

le balai
pittirɗe

le sceau
siwoo

l'interrupteur
waylu

la maison - galle

le salon
saal

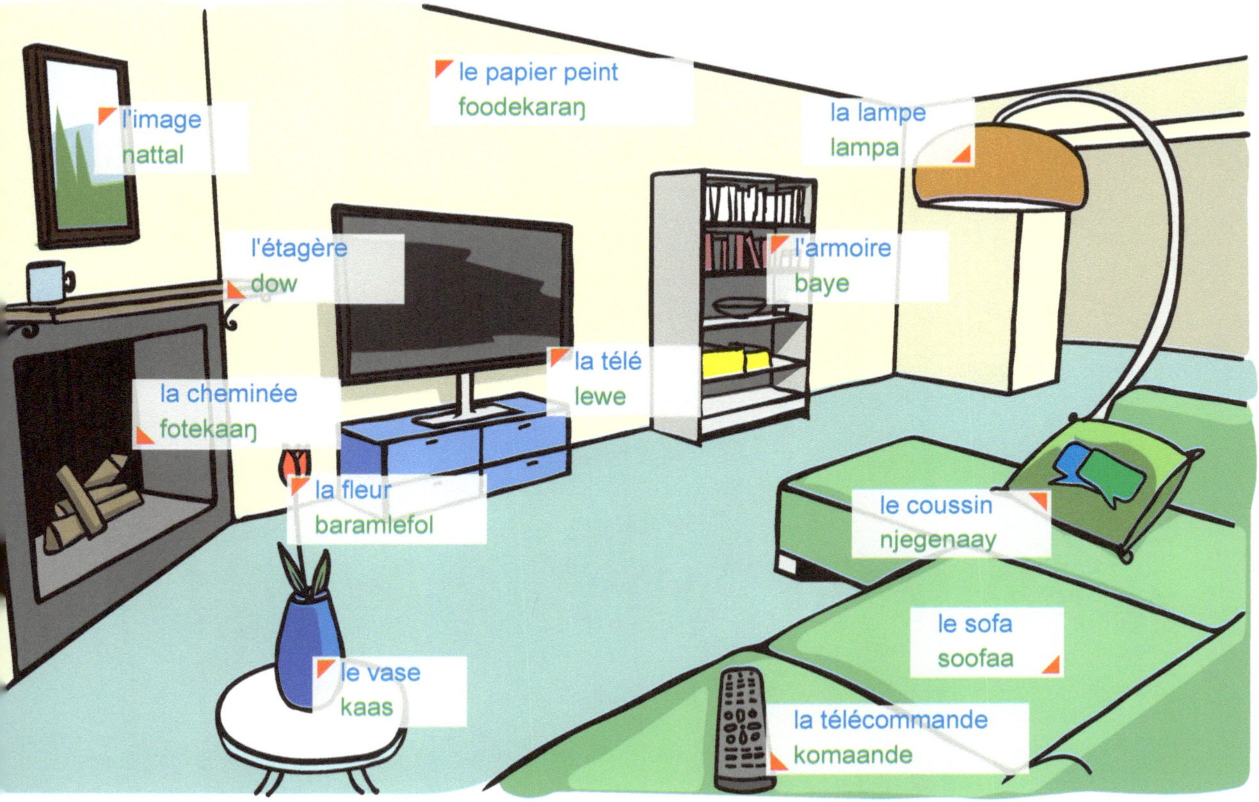

- l'image — nattal
- le papier peint — foodekaraŋ
- la lampe — lampa
- l'étagère — dow
- l'armoire — baye
- la cheminée — fotekaaŋ
- la télé — lewe
- la fleur — baramlefol
- le coussin — njegenaay
- le sofa — soofaa
- le vase — kaas
- la télécommande — komaande

le tapis
tappi

le rideau
rido

la table
taabal

la chaise
joodorde

la chaise à bascule
joodorde timmunde

le fauteuil
tuggorde

le livre	la couverture	la décoration
deftere	suddaare	cinki

le bois de chauffage	le film	la chaîne hi-fi
docotal	filmo	kuutorɗe hi-fi

la clé	le journal	la peinture
caabi	jaaynde	pentiirde

le poster	la radio	le bloc-notes
posteer	haalirde	deftel mooftirgel

l'aspirateur	le cactus	la bougie
ŋabbude	siwo lekki	sondel

le salon - saal

la cuisine
waañ

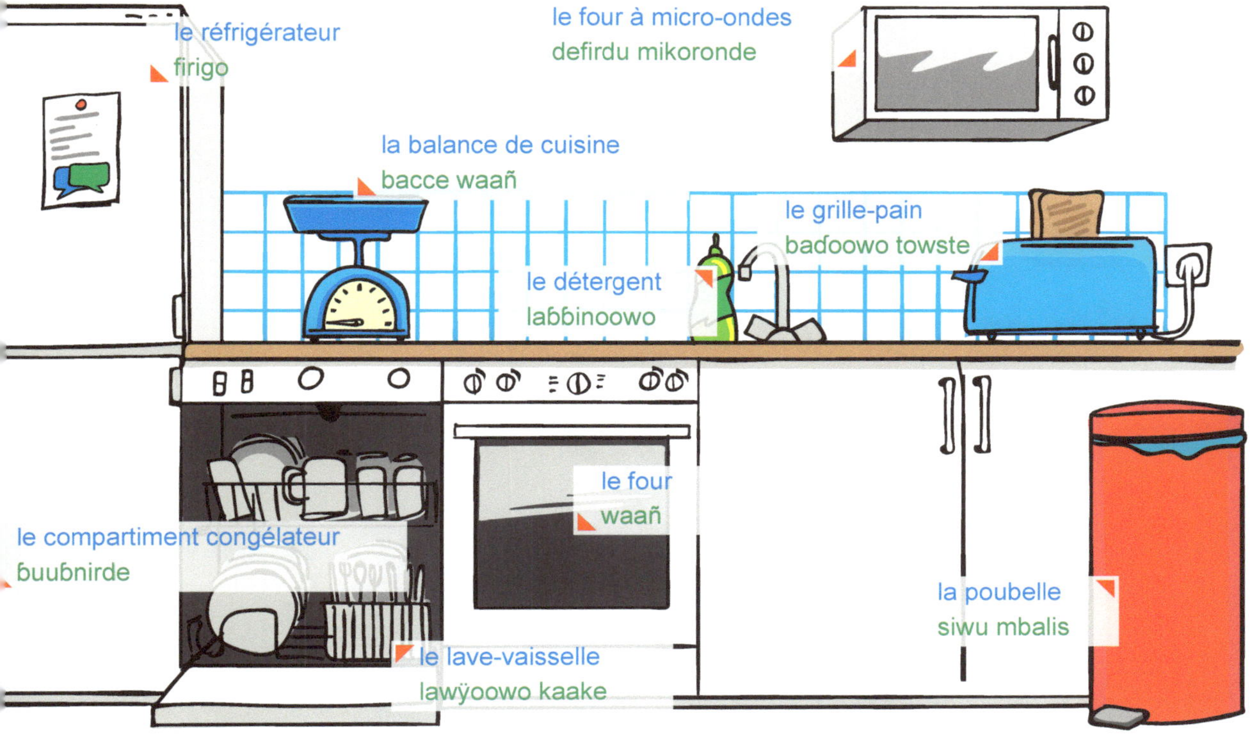

le réfrigérateur
firigo

le four à micro-ondes
defirdu mikoronde

la balance de cuisine
bacce waañ

le grille-pain
baɗoowo towste

le détergent
labbinoowo

le four
waañ

le compartiment congélateur
buubnirde

la poubelle
siwu mbalis

le lave-vaisselle
lawÿoowo kaake

le four

defoowo

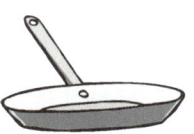

la casserole

pot

la marmite

pot baɗɗo njamdi

le wok/kadai

lehel

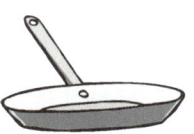

la poêle

lahal

la bouilloire electrique

baraade

la cuisine - waañ   35

le cuiseur vapeur

gulnoowo

la plaque de cuisson

fuur cumirɗo

la vaisselle

wiisirde

le gobelet

kaas

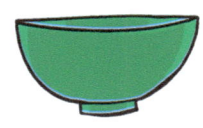

la coupe

taasa

les baguettes

bakett

la louche

heɗirde

la spatule

kuundal

le fouet

burgal

la passoire

gulnirɗo

le tamis

pool

la râpe

koosoowo

le mortier

wowru

le barbecue

njuɗu

la cheminée

lewlewndu

la cuisine - waañ

la planche à découper

alluwal tayirgal

le rouleau à pâtisserie

dullirgal

le tire-bouchon

tenaay

la boîte

potyel

l'ouvre-boîte

udditirɗo potyel

les maniques

jaggoowo pot

le lavabo

lawÿirde

la brosse

borisde

l'éponge

epoos

le mixeur

jiiɓoowo

le congélateur

firigo juutɗo

le biberon

bitel tiggu

le robinet

robine

la cuisine - waañ

37

la salle de bain
lootorde

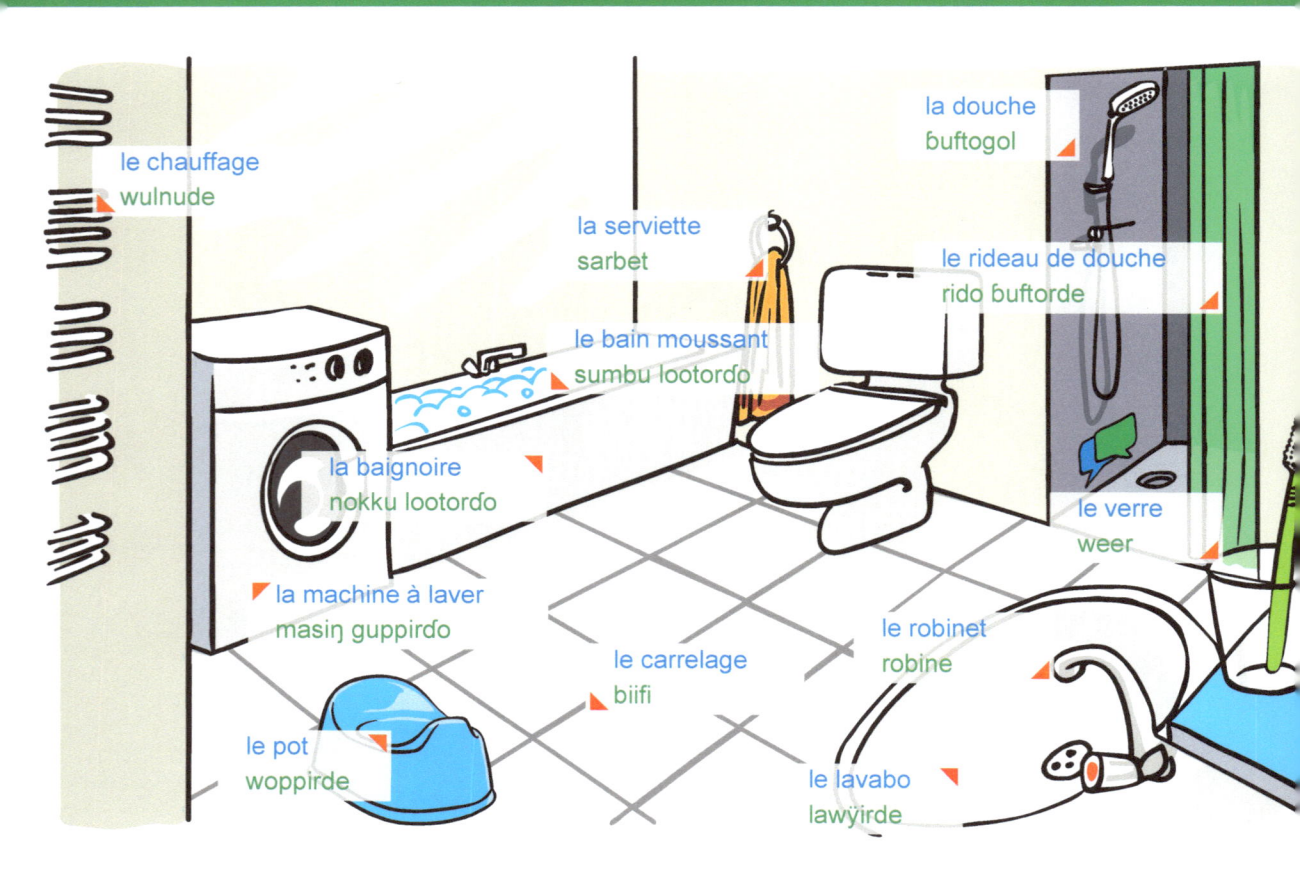

- le chauffage — wulnude
- la douche — ɓuftogol
- la serviette — sarbet
- le rideau de douche — rido ɓuftorde
- le bain moussant — sumbu lootorɗo
- la baignoire — nokku lootorɗo
- le verre — weer
- la machine à laver — masiŋ guppirɗo
- le robinet — robine
- le carrelage — biifi
- le pot — woppirde
- le lavabo — lawyirde

les toilettes	la toilette à la turque	le bidet
heblorde	yaltirde les	yaltirde

l'urinoir	le papier toilette	la brosse à toilette
soofirde	kaayit heblorde	boros heblorde

la salle de bain - lootorde

la brosse à dents	le dentifrice	le fil dentaire
boros ñiiÿe	pat cocorɗo	cocorgal
laver	la douche manuelle	la douche intime
lawyu	buftorde jungo	jampe
la vasque	la brosse dorsale	le savon
taasa	boros keeci	saabunde
le gel douche	le shampooing	le gant de toilette
nebam buftorde	sampoye	lootogel
l'écoulement	la crème	le déodorant
yupude	mileen	lati

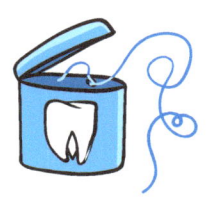

la salle de bain - lootorde

le miroir	le miroir cosmétique	le rasoir
daarogal	daarogal jungo	rasuwaar
la mousse à raser	l'après-rasage	la peigne
sumbu pemborɗo	lallitirde	koomu
la brosse	le sèche-cheveux	la laque pour cheveux
boros	yoorno hoore	uurna hoore
le fond de teint	le rouge à lèvres	le vernis à ongles
makiyaas	lippo	emaaye segene
l'ouate	le coupe-ongles	le parfum
wiro	sisooje segene	parfooŋ

la salle de bain - lootorde

la trousse de toilette	le tabouret	le pèse-personne
saawdu lawyirdu	kuudi	bacce ɓetirde
le peignoir	les gants de nettoyage	le tampon
wutte lootorɗo	kawaseeje dalli	tampooŋ
les serviettes hygiéniques	la toilette chimique	
sarbet laɓɓinoorɗo	lootogol cellungol	

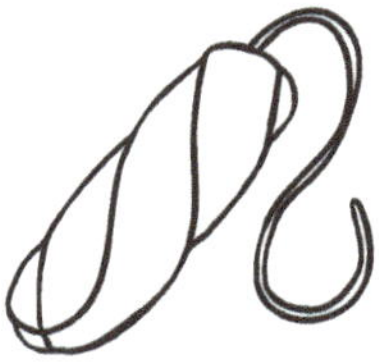

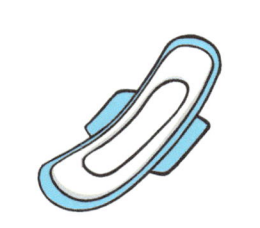

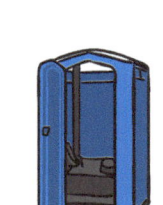

la salle de bain - lootorde

la chambre d'enfant
suudu suka

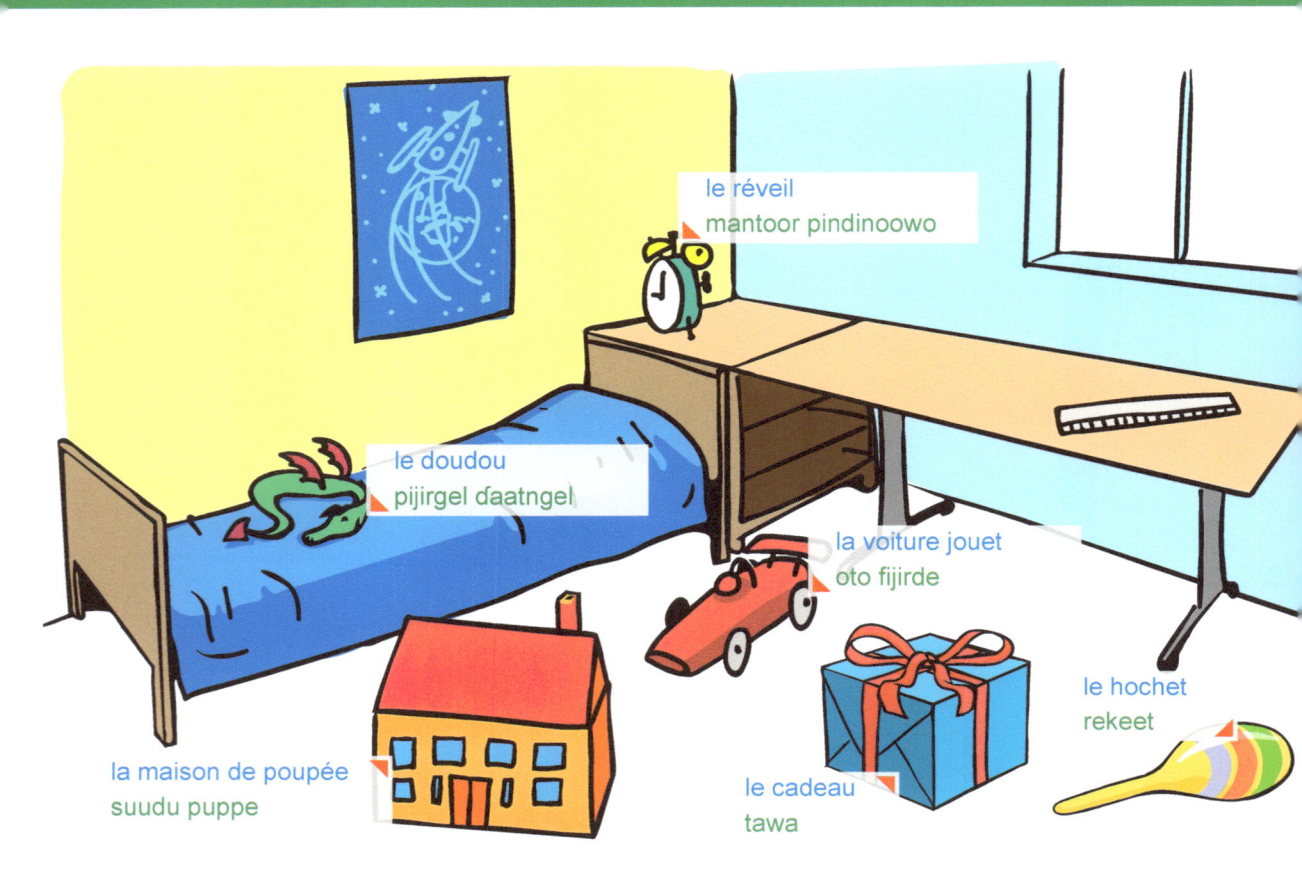

le réveil — mantoor pindinoowo

le doudou — pijirgel ɗaatngel

la voiture jouet — oto fijirde

le hochet — rekeet

la maison de poupée — suudu puppe

le cadeau — tawa

le ballon	le lit	la poussette
balooŋ	lelnde	puus puus
le jeu de cartes	le puzzle	la bande dessinée
taabal karte	juwirgal	jalnii

les pièces lego	les blocs de construction	la figurine
tuufeeje lego	kaaÿe maadi	pijirgel suka
la grenouillère	le frisbee	le mobile
wutte suka	mbiifu	noddirgel
le jeu de société	le dé	le train miniature
fijirde alluwal	dee	tereŋ jahiroowo batiri
la sucette	la fête	le livre d'images
ɗaayɗo	hiirde	deftere natte
la balle	la poupée	jouer
bal	puppe	fij

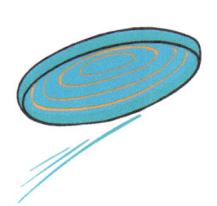

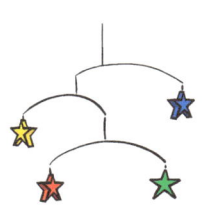

la chambre d'enfant - suudu suka

le bac à sable
ngaska leydi

la balançoire
yirlude

les jouets
pijirɗe

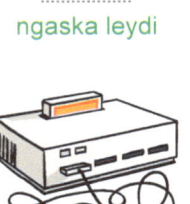

la console de jeu
fijirde widoo peley

le tricycle
biifi tati

l'ours en peluche
uluundu pijirgel

l'armoire
woliis

les vêtements
boornogol

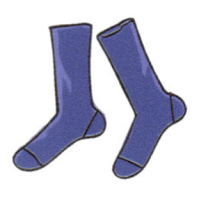

les chaussettes
kawaseeje

les bas
baardinirɗi

le collant
dogirɗi

l'écharpe
muurnorde

le parapluie
paraseewal

le t-shirt
tiset

la ceinture
dadorde

les bottes
bataaje

les pantoufles
paɗe jooɗorde

les baskets
dogirde

les sandales
caraax

les chaussures
paɗe

les bottes de caoutchouc
bataaje dalli

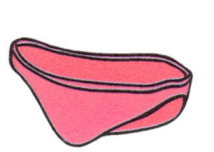

les sous-vêtements
cakkirɗi

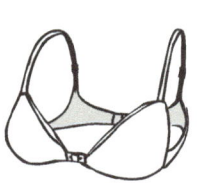

le soutien-gorge
site ŋoos

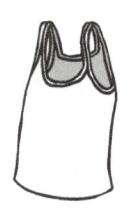

le maillot de corps
weste

les vêtements - boornogol

45

le body	le pantalon	le jean
bandu	tuuba	jiin
la jupe	le chemisier	la chemise
sippu	buluus	wuttel
le pull	le sweat à capuche	la veste
piliweer	njallaaba	balaseer suka
la veste	le manteau	l'imperméable
jakett	sabandoor	wutte toɓo
le costume	la robe	la robe de mariée
kossim	robbo	wutte cuddungu

les vêtements - boornogol

le costume	la chemise de nuit	le pyjama
cakkirɗo	robbo baalduɗo	baaluɗi
le sari	le foulard	le turban
sari	fiilorde	kaala
la burqa	le caftan	l'abaya
misoor	haftan	abaaye
le maillot de bain	le maillot de bain	le short
lumborɗo	leɗɗe	kilooti
la tenue d'entraînement	le tablier	les gants
dewirɗi	aparooŋ	kawase

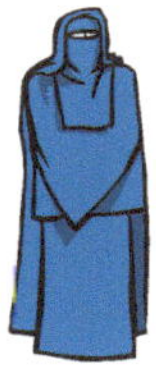

les vêtements - ɓoornogol

le bouton / nebbu	les lunettes / lone	le bracelet / jawo
le collier / cakka	la bague / feggere	la boucle d'oreille / hootonde
le bonnet / laafa	le cintre / jaggirgal sabandoor	le chapeau / kufna
la cravate / karwaat	la fermeture éclair / korsude	le casque / tengaade
les bretelles / jawe	l'uniforme scolaire / wutte jaɲirɗo	l'uniforme / dadorɗo

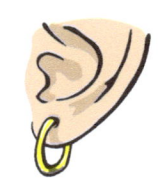

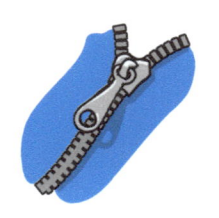

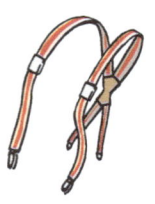

les vêtements - boornogol

le bavoir	la sucette	la lange
nappu suka	ɗaayɗo	fooftini

le bureau
gollorde

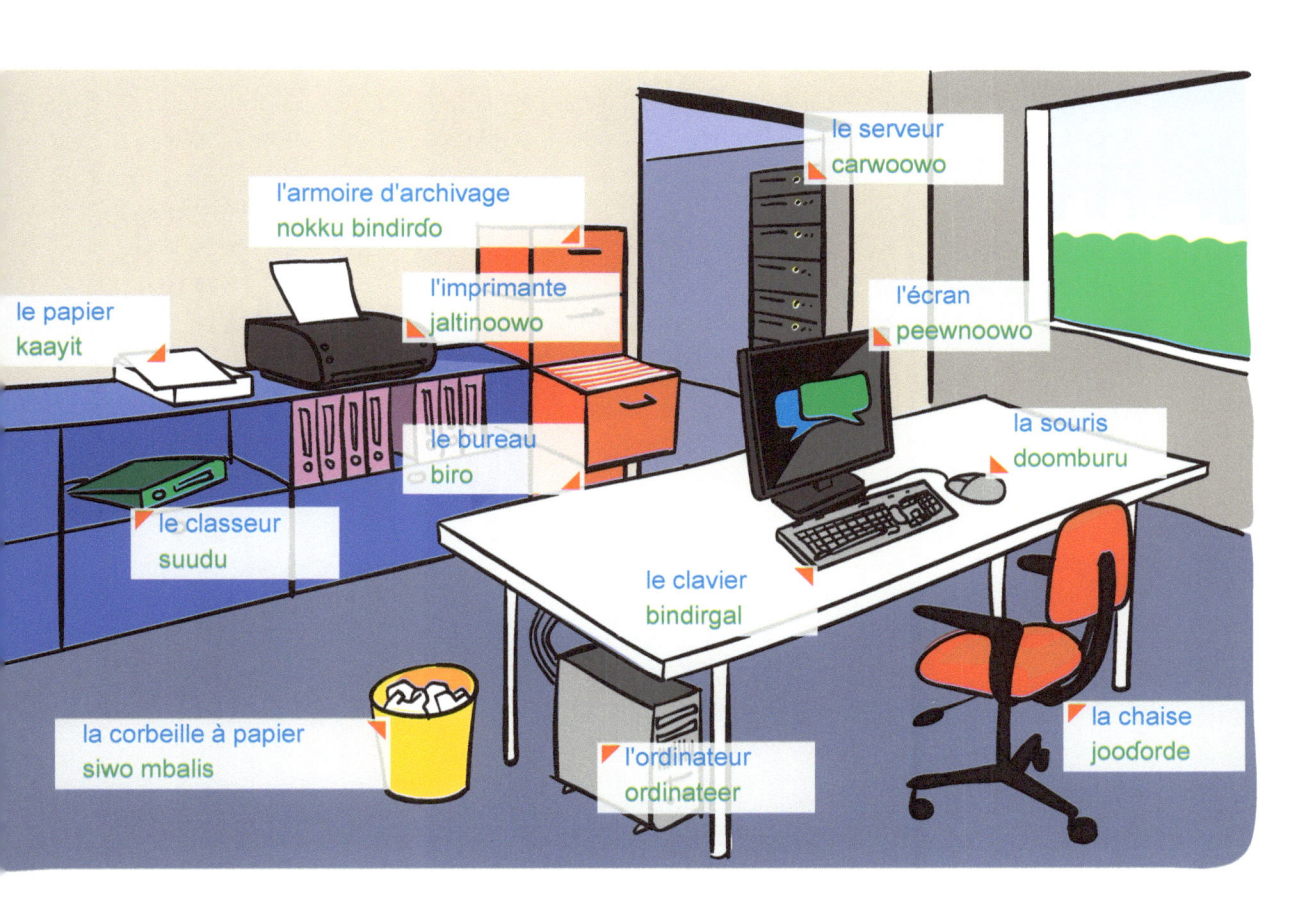

- le serveur — carwoowo
- l'armoire d'archivage — nokku bindirɗo
- l'imprimante — jaltinoowo
- le papier — kaayit
- l'écran — peewnoowo
- le bureau — biro
- la souris — doomburu
- le classeur — suudu
- le clavier — bindirgal
- la chaise — jooɗorde
- la corbeille à papier — siwo mbalis
- l'ordinateur — ordinateer

le gobelet à café	la calculatrice	l'internet
koppu kafe	tongirde	enternet

le bureau - gollorde

l'ordinateur portable	la lettre	le message
ordinateer	ɓataake kaayit	ɓataake
le portable	le réseau	la photocopieuse
noddirgel	jokkondiral	nandinoowo
le logiciel	le téléphone	la prise
kuutorgel	noddirgel	piriis
le fax	le formulaire	le document
masiŋ faksii	sifaa	kaayit

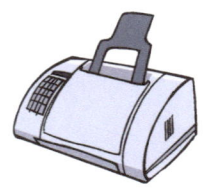

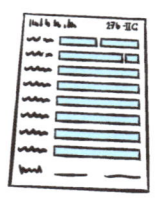

le bureau - gollorde

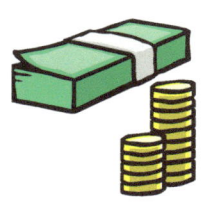

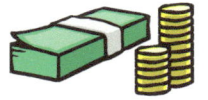

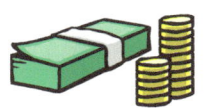

l'économie
faggudu

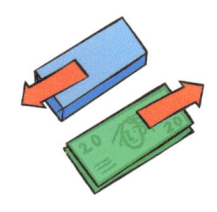

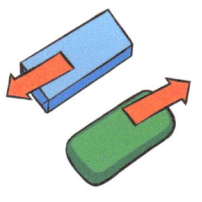

acheter	payer	faire du commerce
sood	yoɓ	yeey

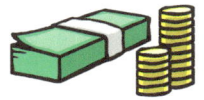

la monnaie	le dollar	l'euro
kaalis	dolaar	oro

le yen	le rouble	le franc suisse
yeen	ruubal	siiwis farayse

le renminbi yuan	la roupie	le distributeur automatique
yuwaan renminbi	ruppii	nokku ngalu

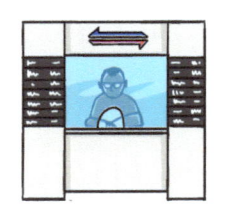

le bureau de change	l'or	l'argent
nokku beccirɗo	kaŋe	kaalis
le pétrole	l'énergie	le prix
peteroŋ	doole	coggu
le contrat	la taxe	l'action
jokkondiral	lempo	jeyii
travailler	l'employé	l'employeur
liggo	liggotooɗo	ligginoowo
l'usine	le magasin	
isin	yeeyirde	

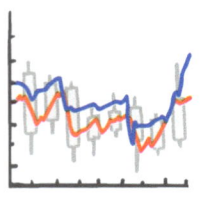

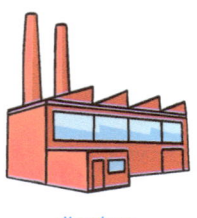

l'économie - faggudu

les professions
golle

l'agent de police
alkaati

le pompier
kaɓoowo jeyngol

le cuisinier
defoowo

le médecin
cafroowo

le pilote
dognoo ndiwooka

le jardinier

mooftoowo

le menuisier

meniise

la couturière

gawoowo debbo

le juge

ñaawoowo

le chimiste

simiyanke

l'acteur

aktoor

les professions - golle

le conducteur de bus	le chauffeur de taxi	le pêcheur
diirnoowo biis	diirnoowo taksi	gawoowo
la femme de ménage	le couvreur	le serveur
debbo pittoowo	biloowo	carwoowo
le chasseur	le peintre	le boulanger
baañoowo	diidoowo	piyoo mburu
l'électricien	l'ouvrier	l'ingénieur
peewnoo jeyngol	mahoowo	eseñoor
le boucher	le plombier	le facteur
buusee	polombiyee	neddo posto

les professions - golle

le soldat	l'architecte	le caissier
soldaat	arsitekte	ngaluyanke
le fleuriste	le coiffeur	le contrôleur
ledɗeyanke	mooroowo	diirnoowo
le mécanicien	le capitaine	le dentiste
peenoowo jamɗe	gardiiɗo	safroowo ñiiÿe
le scientifique	le rabbin	l'imam
gando	babbiin	almaami
le moine	le prêtre	
muwaan	neɗɗo alla	

les professions - golle

les outils
kuutorde

le marteau
maartoo

les pinces
kofooje

le tournevis
tuurnawiis

la clé
tayoowo

la torche
torsoo

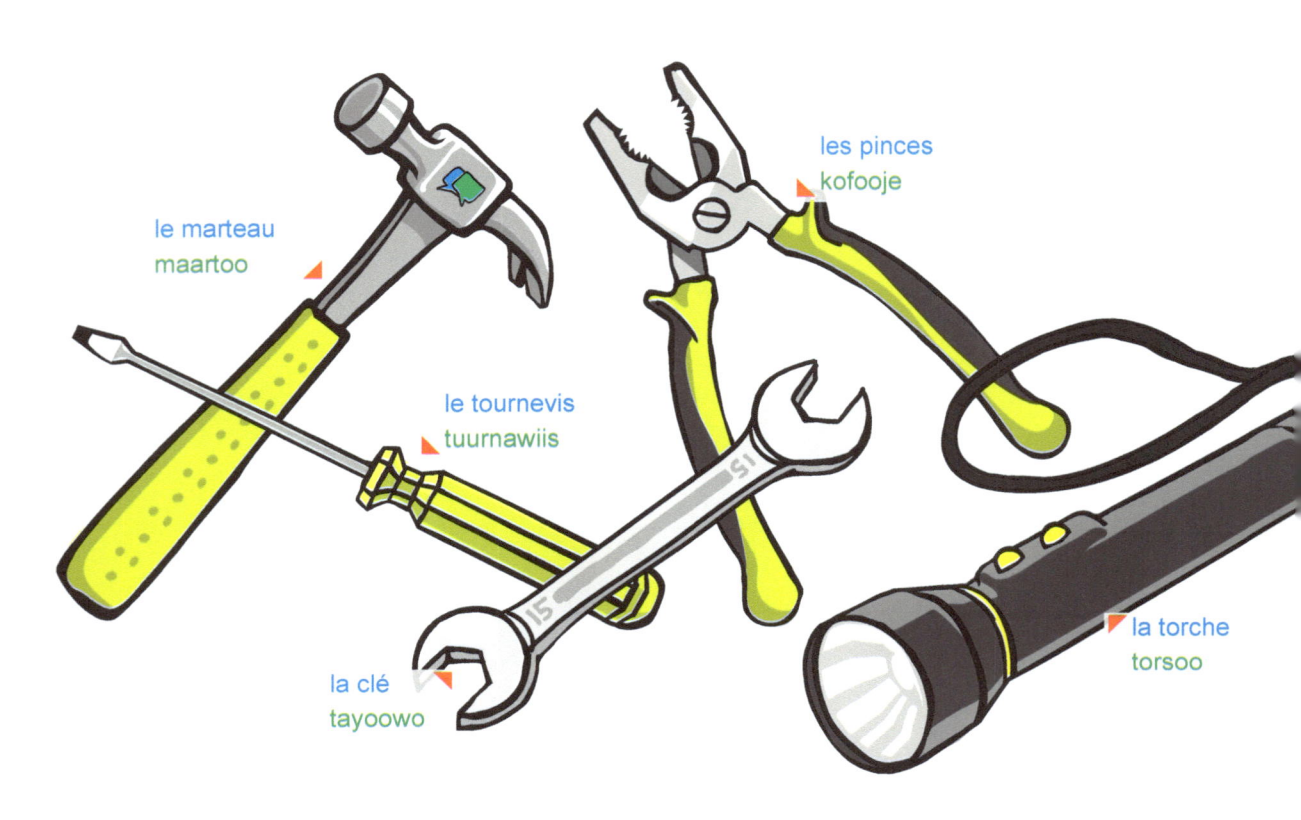

la pelleteuse
ngasirdi

la boîte à outils
suudu kuutorde

l'échelle
seel

la scie
siiy

les clous
pontooje

la perceuse
yuwirde

réparer
feewnit

la pelle
nokkirde

Mince !
sooot

la pelle
peel

le pot de peinture
pot diidirɗo

les vis
wiisuuji

les instruments de musique
pijirɗe

le haut-parleurs
nikoro

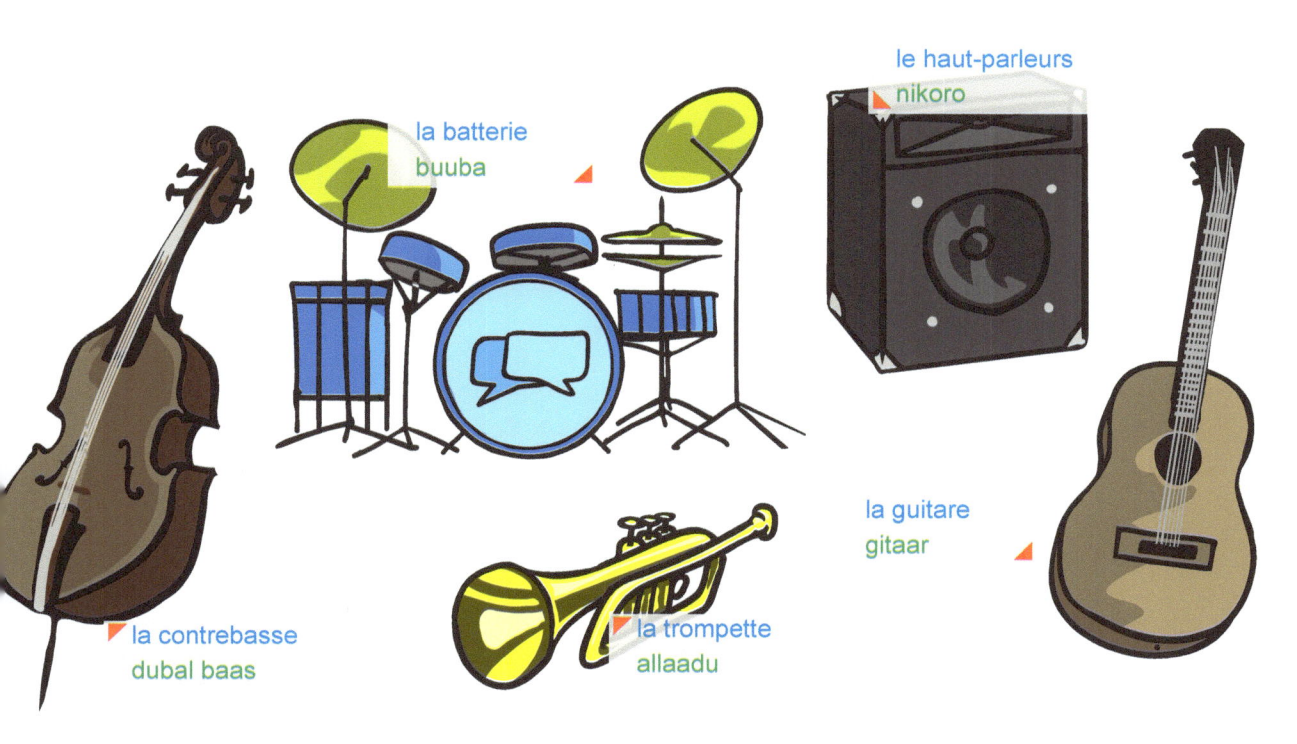

la batterie
buuba

la guitare
gitaar

la contrebasse
dubal baas

la trompette
allaadu

les instruments de musique - pijirɗe

57

le piano	le violon	la basse
piyaano	ñaañooru	baas

les timbales	le tambour	le piano électrique
timpaan	bawɗi	bindirgal

le saxophone	la flûte	le microphone
saksofooŋ	coolumbel	haaldude

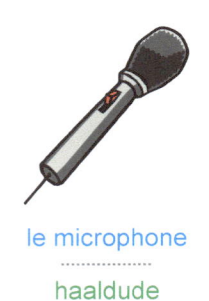

les instruments de musique - pijirɗe

le zoo
nehirde kulle

le tigre — cewngu
la cage — sabbunde
le zèbre — mbabba ladde
l'alimentation animale — ñamri kulle
l'entrée — naatirde
le panda — pandaa

les animaux — kulle
l'éléphant — ñiiwa 
le kangourou — kanguruu 
le rhinocéros — liwoongu 
le gorille — waandu 
l'ours — fowru 

le zoo - nehirde kulle

le chameau	l'autruche	le lion
ngelooba	jaawagal	mbaroodi
le singe	le flamand rose	le perroquet
golo	ñaarpural	seku
l'ours polaire	le pingouin	le requin
fowru nees	peŋwee	reke
le paon	le serpent	le crocodile
ngoriyal	mboddi	nooro
le gardien de zoo	le phoque	le jaguar
deenoowo kulle	liingu	cewngu

le zoo - nehirde kulle

le poney	le léopard	l'hippopotame
molel puccu	cewlu	ngabu
la girafe	l'aigle	le sanglier
ñamala	ciilal	fowru
le poisson	la tortue	le morse
liingu	heende	morsee
le renard	la gazelle	
daga	lella	

le zoo - nehirde kulle

les sports
cofte balli

l'american Football
fugu koyngel Amarik

le cyclisme
welo

le tennis
teniis

le basket-ball
basket

la natation
lumbaade

la boxe
bokse

le hockey sur glace
okey e galaas

le football
fugu koyngel

le badminton
badminton

l'athlétisme
dogduuji

le handball
fugu jungo

le ski
eskiiy

le polo
polo

les sports - cofte balli

les activités
golle

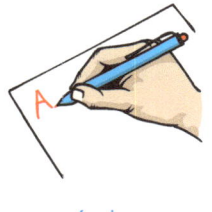

- sauter — diw
- rire — jal
- embrasser — uurno
- chanter — yim
- marcher — yah
- prier — juul
- faire la bise — buuco
- rêver — hoyɗu
- écrire — windu
- dessiner — diid 
- montrer — hollu 
- pousser — duñ 
- donner — rokku 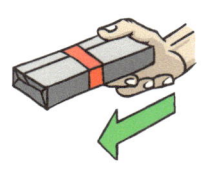
- prendre — naw 

les activités - golle

avoir	faire	être
jogo	wađ	won
être debout	courir	trier
daro	dog	ittu
jeter	tomber	être couché
weddo	yan	fen
attendre	porter	être assis
fad	naw	jooɗo
s'habiller	dormir	se réveiller
ɓoorno	ɗaano	finn

les activités - golle

regarder ndaar	pleurer woy	caresser fiiy
peigner koomu	parler haal	comprendre faam
demander naamdo	écouter hetto	boire yar
manger ñaam	ranger habbu	aimer yid
cuire def	conduire diirnu	voler diw

les activités - golle

faire de la voile	calculer	lire
awyu	lim	jangu
apprendre	travailler	se marier
jangu	liggo	res
coudre	brosser les dents	tuer
aaw	boris ñiiÿe	war
fumer	envoyer	
simmo	neldu	

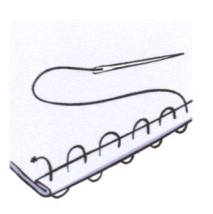

les activités - golle

la famille
ɓesngu

- la grand-mère — taaniraaɗo debbo
- le grand-père — taaniraaɗo gorko
- le père — baaba
- la mère — yumma
- le bébé — tiggu
- la fille — ɓiɗɗo debbo
- le fils — ɓiɗɗo gorko

l'hôte	la tante	l'oncle
koɗo	gogo	kaawiraaɗo

 le frère	 la sœur
mawniraaɗo gorko	mawniraaɗo debbo

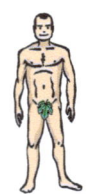

le corps
ɓandu

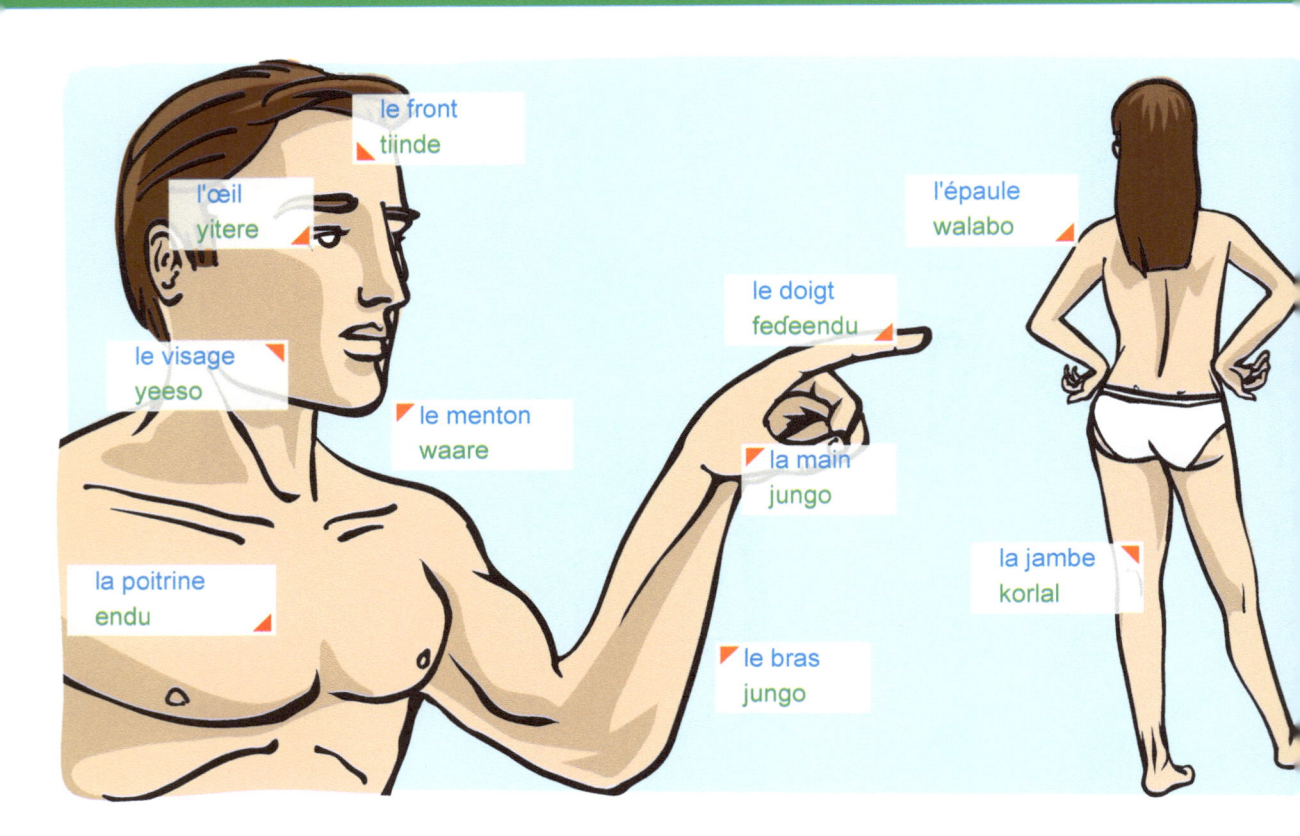

- le front — tiinde
- l'œil — yitere
- le visage — yeeso
- le menton — waare
- la poitrine — endu
- l'épaule — walabo
- le doigt — feɗeendu
- la main — jungo
- le bras — jungo
- la jambe — korlal

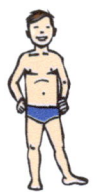

le bébé	l'homme	la femme
tiggu	gorko	debbo
la fille	le garçon	la tête
debbo	gorko	hoore

le corps - ɓandu

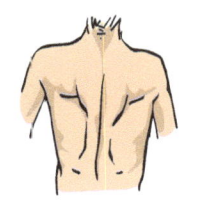

le dos — keeci	**le ventre** — reedu	**le nombril** — wudduru
l'orteil — fedˇeendu	**le talon** — njaaɓordi	**l'os** — ÿiyal
la hanche — buhal	**le genou** — hofru	**le coude** — fooŋturu
le nez — hinere	**les fesses** — gaɗa	**la peau** — nguru
la joue — aɓɓuko	**l'oreille** — nofru	**la lèvre** — tondu

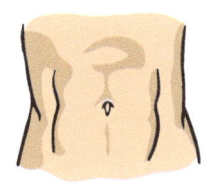

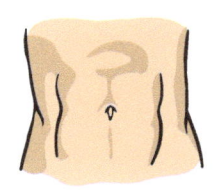

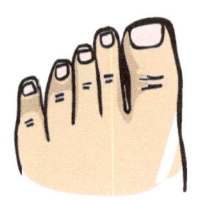

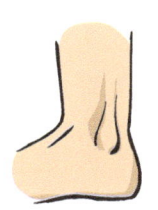

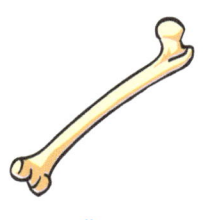

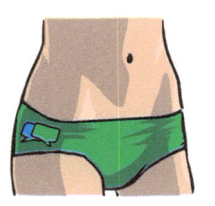

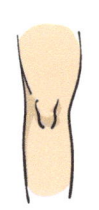

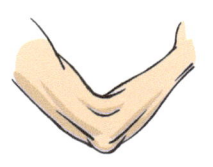

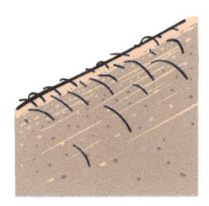

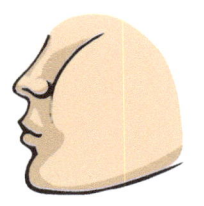

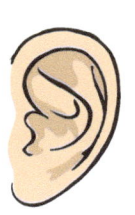

le corps - ɓandu

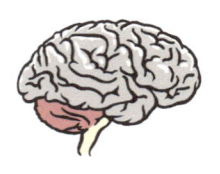

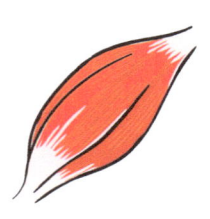

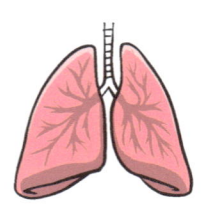

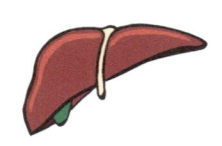

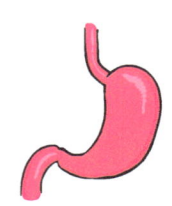

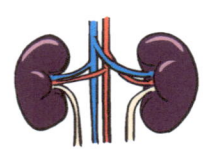

la bouche	la dent	la langue
hunuko	ñiire	ɗemngal
le cerveau	le cœur	le muscle
ngaandi	ɓernde	ÿiye
les poumons	le foie	l'estomac
jofe	heeñere	kuuse
les reins	le rapport sexuel	le préservatif
booÿe	leldaade	kawasal
l'ovule	le sperme	la grossesse
boccoonde	maniiyu	cowagol

le corps - bandu

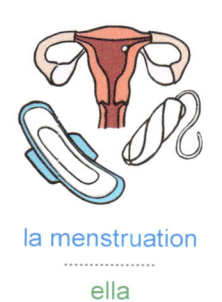

la menstruation	le vagin	le pénis
ella	kottu	soolde
le sourcil	les cheveux	le cou
leebol yitere	sukundu	daande

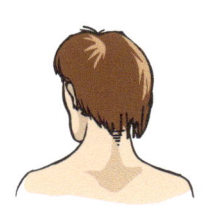

le corps - ɓandu

l'hôpital
safrirdu

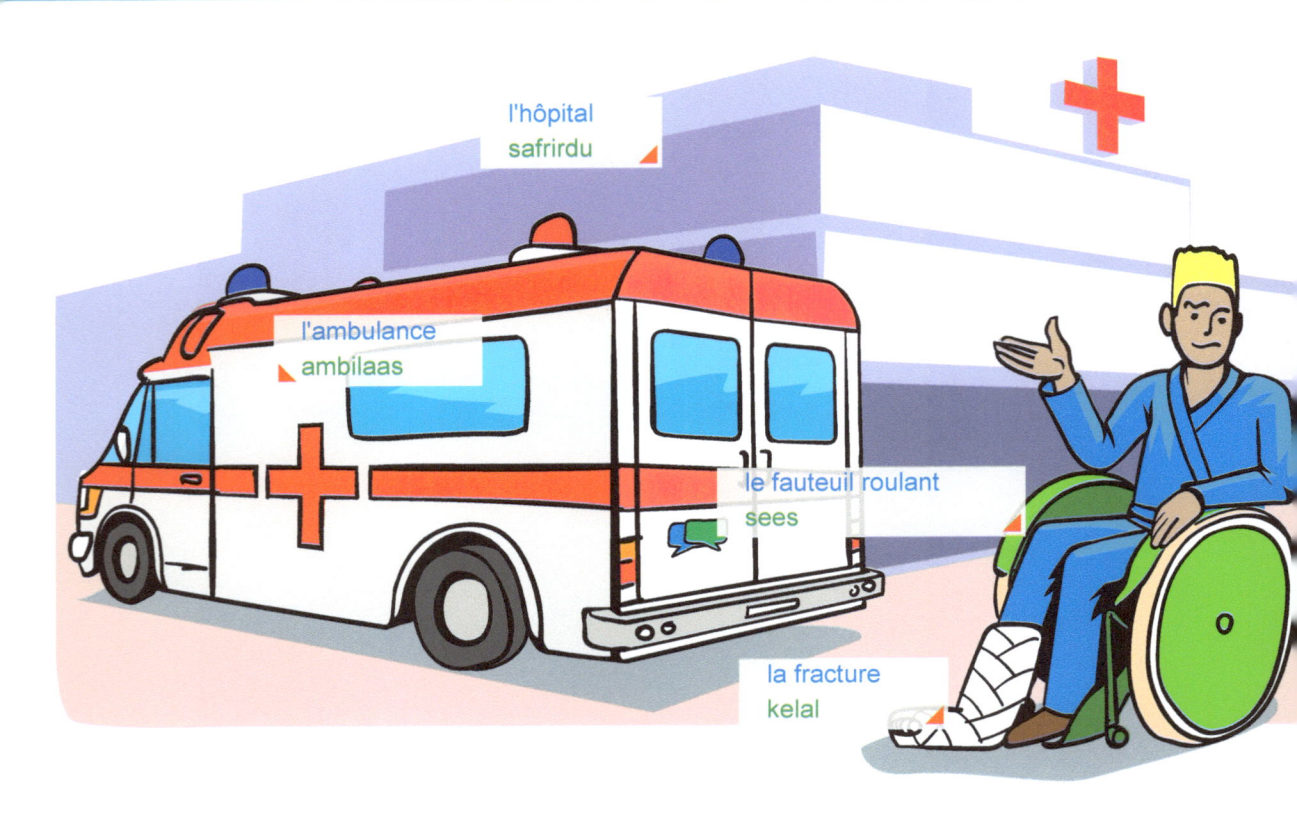

l'hôpital
safrirdu

l'ambulance
ambilaas

le fauteuil roulant
sees

la fracture
kelal

le médecin
cafroowo

le service des urgences
suudu heñaare

l'infirmière
debbo cafroowo

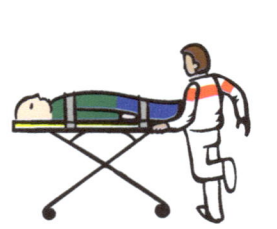

l'urgence
heñorde

inconscient
wondaane hakkile

la douleur
muuseeki

l'hôpital - safrirdu

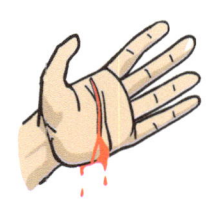

la blessure / gaañande	l'hémorragie / tudde ÿiiÿam	la crise cardiaque / muuseeki bernde
l'attaque cérébrale / piigol	l'allergie / nefo	la toux / dojjude
la fièvre / bandu wulooru	la grippe / pali	la diarrhée / ndogu reedu
le mal de tête / hoore muusoore	le cancer / kaaseer	le diabète / jabett
le chirurgien / oppiroowo	le scalpel / jaggirdi	l'opération / oppeere

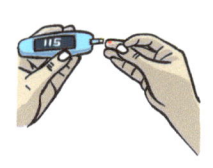

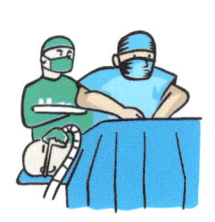

l'hôpital - safrirdu

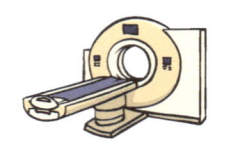

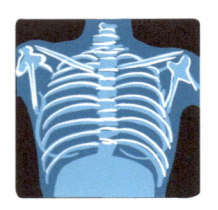

le CT	la radiographie	l'échographie
CT	buuɗi x	iltarasooŋ
le masque	la maladie	la salle d'attente
huurirdu yeeso	rafi	heblorde
la béquille	le pansement	le pansement
beeke	tabak	bandaas
l'injection	le stéthoscope	le brancard
pinggu	estetoskop	pooɗoowo
le thermomètre	l'accouchement	la surcharge pondérale
termomeeter safrirdu	jibinande	ɓuttiɗgol

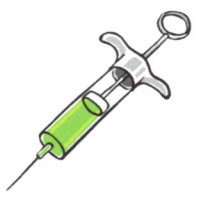

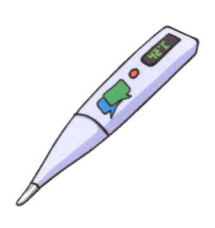

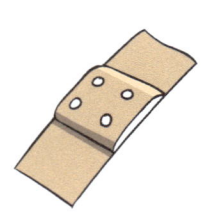

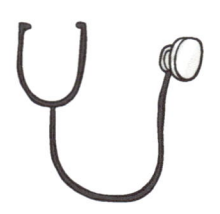

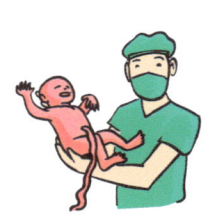

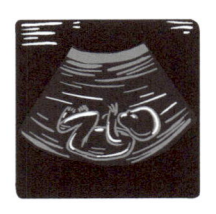

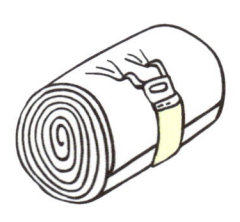

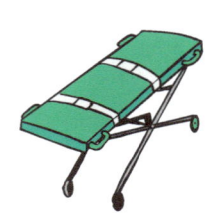

74   l'hôpital - safrirdu

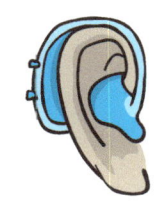

l'appareil auditif	le désinfectant	l'infection
ballal nanirɗe	laɓɓinoowo	raaɓo
le virus	le VIH/ le sida	le médicament
wiriis	SIDAA	lekki
la vaccination	les comprimés	la pilule
ñakko	poɗɗe	foɗɗere
l'appel d'urgence	le tensiomètre	malade/sain
noddaango heñiingo	ÿeewtorde yaadu ÿiiyam	faawŋi / selli

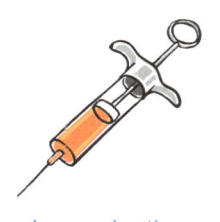

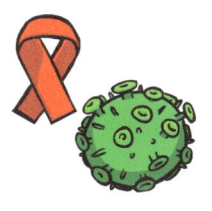

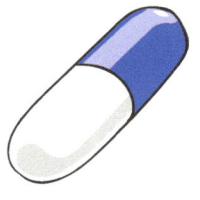

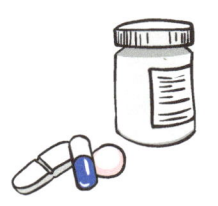

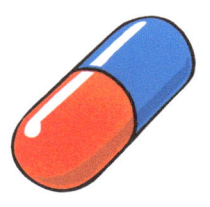

l'hôpital - safrirdu

l'urgence
heñorde

Au secours !	l'alarme	l'assaut
Ballal	pindinoowo	njangu
l'attaque	le danger	la sortie de secours
raaŋande	boomre	yaltirde yaawnde
Au feu!	l'extincteur	l'accident
Jeyngol	ñifoowo jeyngol	aksida
la trousse de premier secours	SOS	la police
saawdu safaara gadano	 SOS	poliis

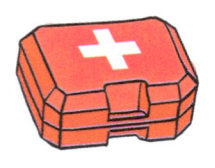

l'urgence - heñorde

la terre
Leydi

l'Europe	l'Amérique du Nord	l'Amérique du Sud
Orop	Amarik Rewo	Amarik Worgo

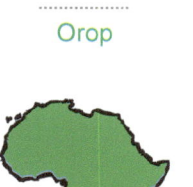

l'Afrique	l'Asie	l'Australie
Afirik	Aasi	Ostaraali

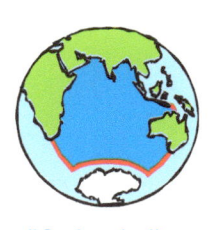

l'Océan atlantique	l'Océan pacifique	l'Océan indien
Atalantik	Pasifik	Maayo Endo

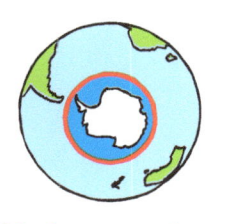

l'Océan antarctique	l'Océan arctique	le Pôle nord
Maayo Antarkatik	Maayo Arkatik	Baŋe Rewo

le Pôle sud
Baŋe Worgo

l'Antarctique
Antarkatik

la terre
Leydi

le pays
leydi

la mer
maayo

l'île
siire

la nation
wuro

l'état
laamu

la terre - Leydi

...heure(s)
waktu

le cadran	l'aiguille des heures	l'aiguille des minutes
yeeso waktu	jungo waktu	jungo hojoma
l'aiguille des secondes	Quelle heure est-il ?	le jour
jungo majaango	hol waktu?	ñalawma
le temps	maintenant	la montre digitale
saha	jooni	mantoor nattoowo
la minute	l'heure	
hojoma	waktu	

...heure(s) - waktu

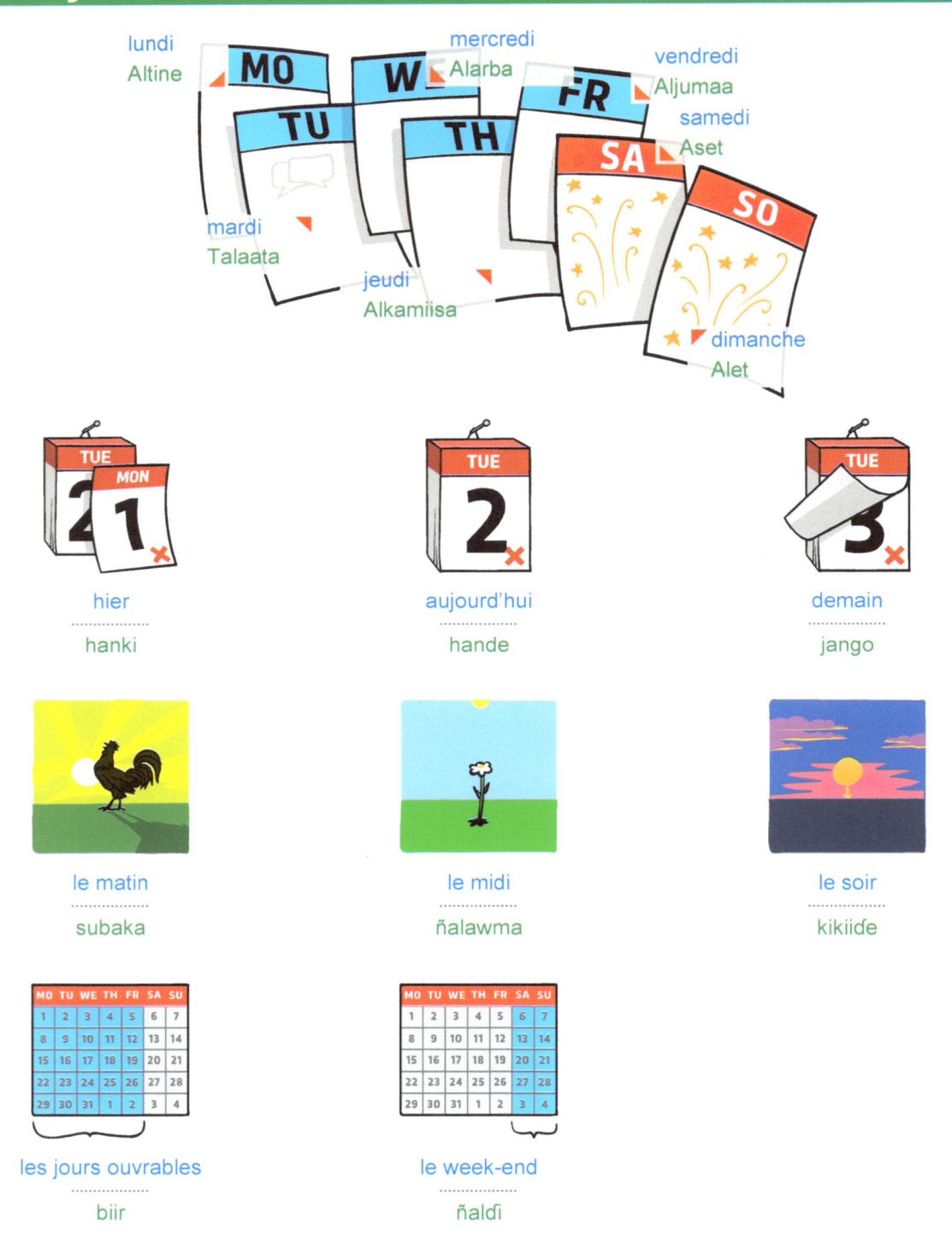

la semaine
yontere

lundi / Altine
mardi / Talaata
mercredi / Alarba
jeudi / Alkamiisa
vendredi / Aljumaa
samedi / Aset
dimanche / Alet

hier / hanki

aujourd'hui / hande

demain / jango

le matin / subaka

le midi / ñalawma

le soir / kikiiɗe

les jours ouvrables / biir

le week-end / ñalɗi

80   la semaine - yontere

l'année
hitaande

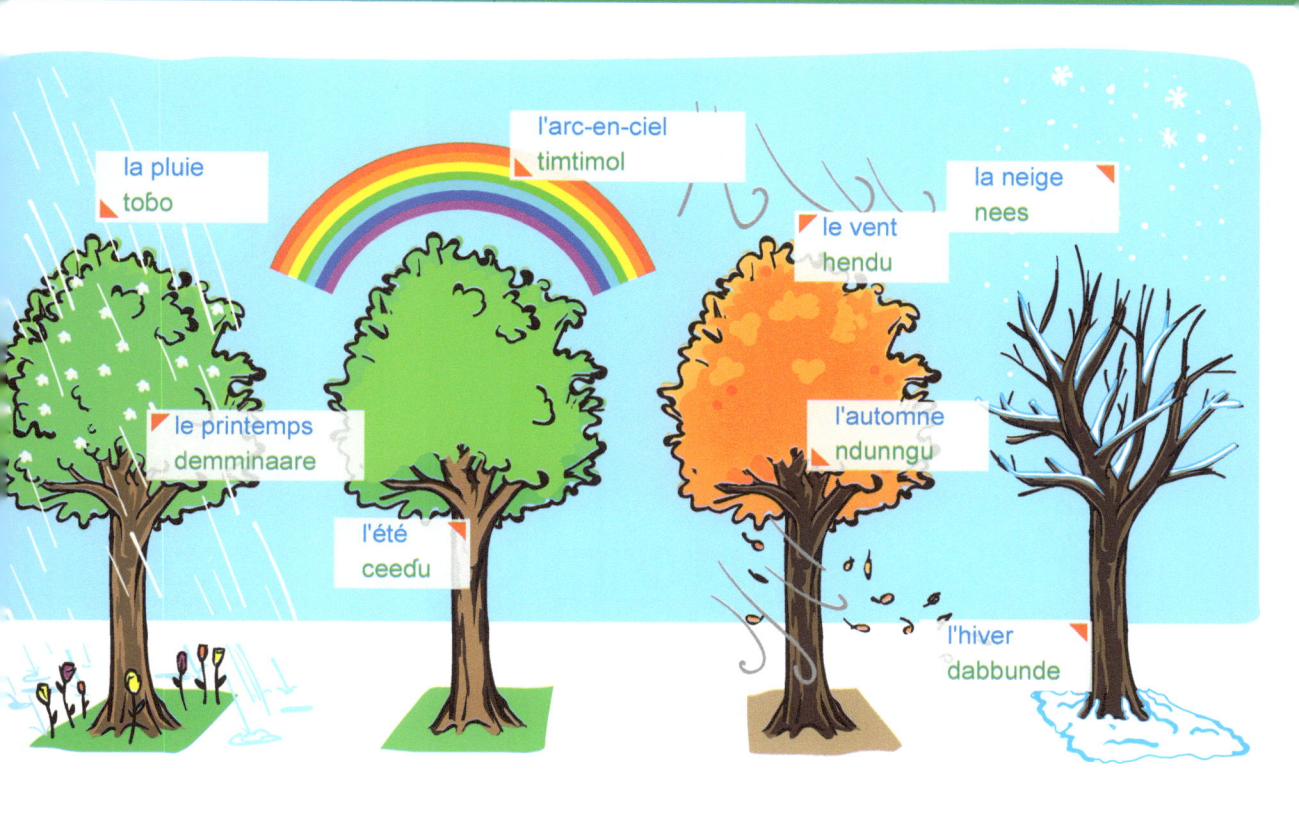

la pluie / tobo
l'arc-en-ciel / timtimol
la neige / nees
le vent / hendu
le printemps / demminaare
l'été / ceeɗu
l'automne / ndunngu
l'hiver / dabbunde

la météo
kabaaru weeyo

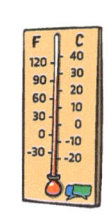

le thermomètre
termomeeter

la lumière du soleil
naaɲini

le nuage
ruulde

le brouillard
cuurki

l'humidité
uddeende

l'année - hitaande

la foudre majje	la tonnerre gidaango	la tempête hendu
la grêle huɗɗni	la mousson ruulɗini	l'inondation waame
la glace nees	janvier Siilo	février Colte
mars Mbooy	avril Seeɗto	mai Duuyal
juin Korse	juillet Morse	août Juko

l'année - hitaande

septembre
Siilto

octobre
Yarkoma

novembre
Jolal

décembre
Bowte

les formes
ɓalli

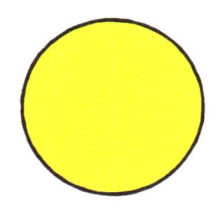

le cercle
taarto

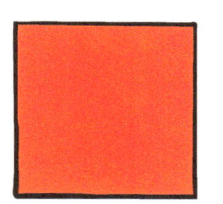

le carré
yaajeendi

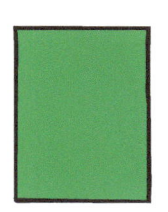

le rectangle
yaajo

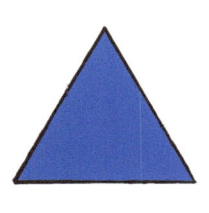

le triangle
saraandi

la sphère
mbiifu

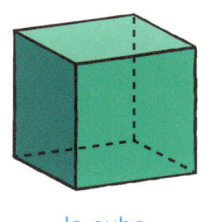

le cube
kiibb

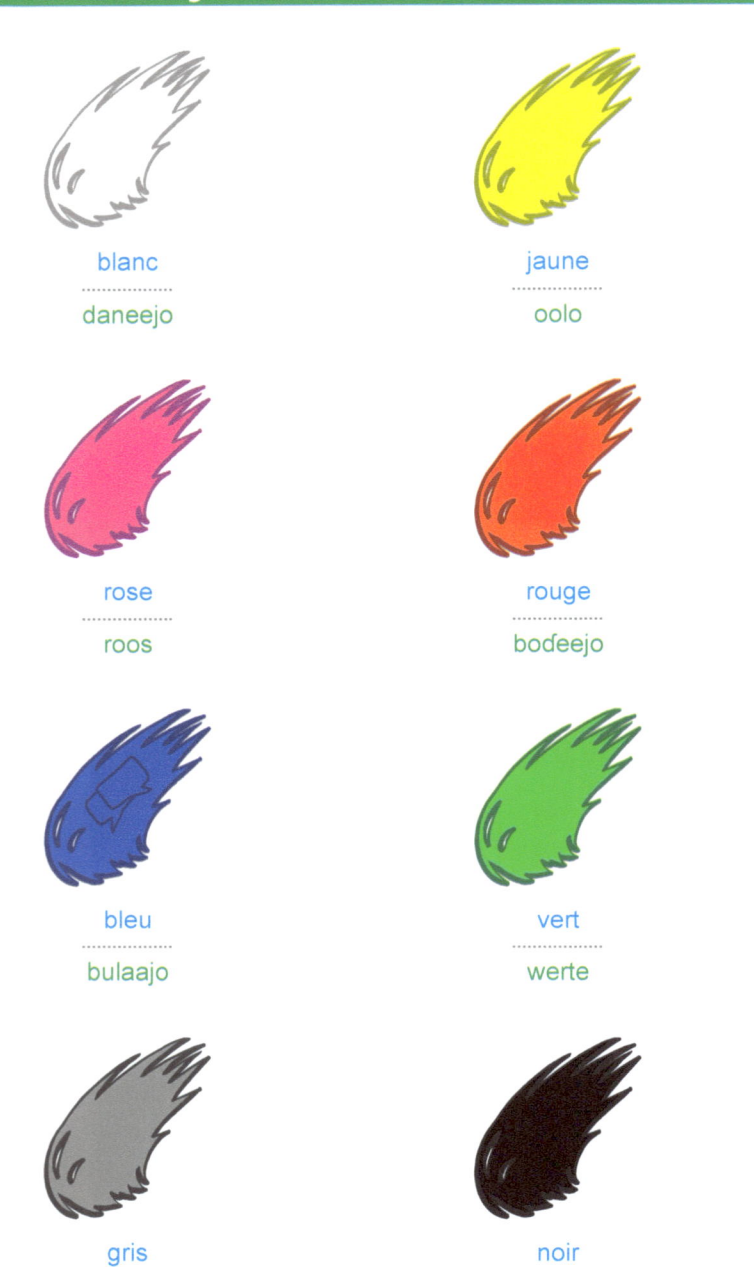

les couleurs
sifaaji

blanc
daneejo

jaune
oolo

orange
oraas

rose
roos

rouge
bodeejo

violet
mboongu

bleu
bulaajo

vert
werte

marron
cooyo

gris
puro

noir
ɓaleejo

les oppositions
ceeri

beaucoup/peu
heewi / seeɗa

fâché/calme
seki / deeyi

joli/laid
yooɗi / soofi

le début/ la fin
fuuɗorde / gasirde

grand/petit
mawɗo / tokooso

clair/obscure
leeri / niɓɓiɗi

frère/soeur
maniraaɗo / miñiraaɗo

propre/sale
laaɓi / tunwi

complet/incomplet
timmi / manki

le jour/la nuit
ñalawma / jamma

mort/vivant
maayi / wuuri

large/étroit
yaaji / faaɗi

comestible/incomestible	méchant/gentil	excité/ennuyé
nano / nanotaako	boni / moÿÿi	softi / yoomi
gros/mince	le premier/ le dernier	l'ami/ l'ennemi
ɓuttiɗi / sewi	adi / wattindi	sehil / gaño
plein/vide	dur/souple	lourd/léger
heewi / ɓolɗi	muusi / weeɓi	teddi / hoyi
faim/soif	malade/sain	illégal/légal
heege / ɗomka	faawŋi / selli	wona laawol / laawol
intelligent/stupide	gauche/droite	proche/loin
feerti / muddiɗi	nano / ñaamo	ɓatti / woɗɗi

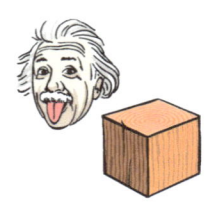

les oppositions - ceeri

nouveau/usé	rien/quelque chose	vieux/jeune
keso / kiiɗɗo	ndiga / huunde	nayeejo / suka
marche/arrêt	ouvert/fermé	faible/fort
huɓɓi / ñifii	uditi / uddii	deeÿi / dille
riche/pauvre	correct/incorrect	rugueux/lisse
alɗi / waasi	goonga / fenaande	tiiɗi / nooyi
triste/heureux	court/long	lent/rapide
metti / weli	raɓɓiɗi / juuti	leeli / yaawi
mouillé/sec	chaud/froid	la guerre/ la paix
leppi / yoori	wuli / ɓuuɓi	hare / jam

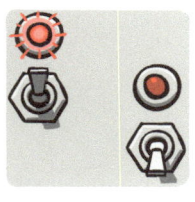

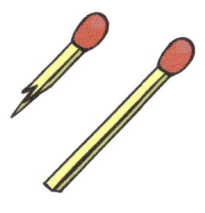

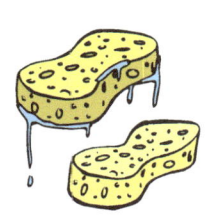

les oppositions - ceeri

87

les nombres
pinɗe

0 zéro — ndiga

1 un/une — gooto

2 deux — ɗiɗi

3 trois — tati

4 quatre — nay

5 cinq — joy

6 six — jeegom

7 sept — jeeɗiɗi

8 huit — jeetati

9 neuf — jeenay

10 dix — sappo

11 onze — sappoy goo

12
douze
sappoy ɗiɗi

13
treize
sappoy tati

14
quatorze
sappoy nay

15
quinze
sappoy joy

16
seize
sappoy jeegom

17
dix-sept
sappoy jeeɗiɗi

18
dix-huit
sappoy jeetati

19
dix-neuf
sappoy jeenay

20
vingt
noogaas

100
cent
teemedere

1.000
mille
ujunere

1.000.000
le million
miliyooŋ

les nombres - pinɗe

les langues
ɗemɗe

l'anglais	l'anglais américain	le chinois mandarin
Aŋale	Aŋale Amarik	Mandare Siinaaɓe

le hindi	l'espagnol	le français
Hindi	Español	Farayse

l'arabe	le russe	le portugais
Arab	Riis	Portigees

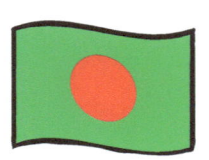

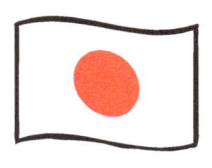

le bengali	l'allemand	le japonais
Bengali	Almaa	Sapponee

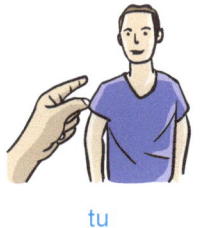

qui/quoi/comment
holoon / holduum / holnoon

je	tu	il/elle
miin	an	kanko / kanko / kanum
nous	vous	ils/elles
minen	onon	kambe
Qui ?	Quoi ?	Comment ?
holoon?	holduum?	holnoon?
Où ?	Quand ?	le nom
holtoon?	mande?	inde

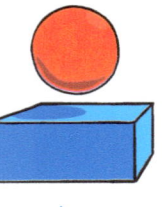

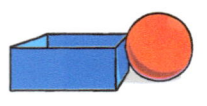

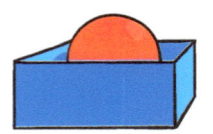

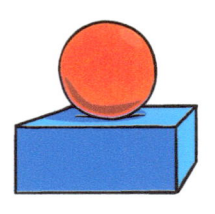

où
holtoon

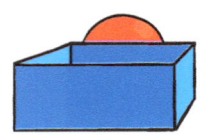

derrière	dans	devant
caggal	nder	sawndo

au-dessus	sur	en-dessous
dow	e	les

à côté de	entre	le lieu
sara	hakkunde	nokku